U0693943

《〈体育与健康〉教学改革指导纲要（试行）》

《〈TIYU YU JIANKANG〉
JIAOXUE GAIGE ZHIDAO
GANGYAO（SHIXING）》JIEDU

解读

于素梅／著

教育科学出版社

·北京·

目　录

第三章　《指导纲要》的落实方略 081

前　言

可喜可贺！体育学科迎来了有史以来首个由教育部办公厅颁发的针对教学改革的文件——《〈体育与健康〉教学改革指导纲要（试行）》，具有里程碑意义。学校体育是实现立德树人根本任务、提升学生综合素质的基础性工程，是加快推进教育现代化、建设教育强国和体育强国的重要工作，对于弘扬社会主义核心价值观，培养学生爱国主义、集体主义、社会主义精神和奋发向上、顽强拼搏的意志品质，实现以体育智、以体育心都具有独特功能。《指导纲要》的颁布，旨在通过改革创新发挥好体育学科的重要功能和价值，助力教育现代化、教育强国、体育强国建设，促进青少年学生身心健康全面发展和人才培养质量的提升。

可圈可点！《指导纲要》的颁布，将在一定程度上帮助大家更好地厘清体育课程教学改革中的突出问题及其产生根源，有助于体育课程实施更具逻辑性、科学性、衔接性，体育教学实施更具创新性、适切性、实效性等。《指导纲要》为深化体育教学改革、打造高质量课堂等明确了方向，对细化组织保障、督导评估等提出了要求。然而，这些方向与要求等该如何进一步深化理解和在实践层面上有效把握？涉及哪些政策要点？如何贯彻落实才能少走弯路，不入误区？如何将《指导纲要》落全、落细、落实？如何发挥好《指导纲要》的引领作用？为此，对《指导纲要》进行全面、系统、深入的解读尤为重要和迫切。应广大一线教师的要求和教育科学出版社的邀请，在我们团队完成了体育课程一体化建设基础性研究的前提下，我对《指导纲要》的出台和我国体育教学改革有较全面深入了解的基础上，撰写了《指导纲要》的解读读本，期望能够给大家带来一定的参考。

本书分三章对《指导纲要》进行解读。第一章"《指导纲要》的起草脉络"，包括起草的意义和起草的思路两部分；第二章"《指导纲要》的内容解析"，包括总体要求与解析、主要任务与解析、组织保障与解析、督导评价与解析、工作要求与解析等内容；第三章"《指导纲要》的落实方略"，包括落实的基本程序、政策要点的落实、落实的主要突破、落实的评估反馈等内容。

本书充分体现如下特点：（1）全面。从起草的意义、思路到具体内容详解，再到落实方略与不同群体的理解和感悟，全方位、多视角阐述了《指导纲要》内容及其落实。（2）准确。对《指导纲要》的解读由《指导纲要》研制主要负责人执笔，研制主要负责人对《指导纲要》的起草过程比较了解，对《指导纲要》的政策要点把握比较准确。（3）具体。对《指导纲要》的关键性政策要点提出了可操作性建议，能够发挥较强的指导作用。（4）实用。引入了专家学者、中小学校长、体育教研员和一线体育教师对《指导纲要》的理解和感悟，切合实际。

《指导纲要》的文本从起草到发布再到解读，暂时画上了一个圆满的句号，但《指导纲要》的落实才刚刚起步，希望本书能够为大家在落实《指导纲要》，推进体育教学改革的未来进程中出一份力，发一分光。为体育教师培训提供资源。

衷心感谢教育部体育卫生与艺术教育司许弘处长等的信任、委托和指导，感谢教育部基础教育课程教材发展中心田慧生主任，中国教育科学研究院崔保师院长、于发友副院长和体育卫生艺术教育研究所吴键所长等的大力支持和帮助，感谢参与《指导纲要》起草的10余名理论专家、近30名体育教研员、5万余名参与问卷调查的一线体育教师等，感谢教育科学出版社的精心策划与鼎力相助。也希望本书不负众望，能够帮助广大读者全面了解《指导纲要》的内容，深刻把握其精髓，真正助力《指导纲要》的落实。

于素梅

2021 年 8 月 8 日

第一章 《指导纲要》的起草脉络

本章阅读路径

1. 为什么要起草《指导纲要》？

2.《指导纲要》起草的思路是什么？

《指导纲要》由教育部体育卫生与艺术教育司于 2020 年 10 月规划启动起草工作，并于 2020 年 11 月委托中国教育科学研究院牵头，带领全国相关专家学者承担起草任务。《指导纲要》从起草到正式发布，历时 8 个月。起草过程采用了文献研究、专家访谈、实地调研、教学实验、问卷调查等方法，起草内容紧紧围绕贯彻落实习近平总书记关于体育教育的重要论述以及有关体育的最新重要文件精神。

第一节　《指导纲要》起草的意义

近年来，学校体育越来越受到党和国家的高度重视，并被赋予了很高的定位。习近平总书记在许多场合都对体育有重要的论述，国家也下发了一系列关于促进学校体育发展的文件，更加明确了学校体育在教育中的价值和意义。《指导纲要》的研制，力求更快、更好地贯彻落实习近平总书记关于体育教育的重要论述和国家有关体育方面的文件精神。同时，体育学科的系统化与科学化发展也需要有相应的全局上的改革指导意见来进一步推动。

一、贯彻习近平总书记关于体育教育重要论述的需要

2018 年 9 月，全国教育大会召开，习近平总书记在大会上做重要报告。报告中指出："帮助学生在体育锻炼中享受乐趣、增强体质、健全人

格、锤炼意志。"这不仅明确了"四位一体"目标，强调了学校体育核心价值诉求，还对体育学科多年来未能很好突破的重点与难点工作给予了高度的重视和进一步强调，引起体育乃至教育学界的高度关注和强烈反响。专家学者们纷纷投入研究关于"享受乐趣、增强体质、健全人格、锤炼意志"的理论与方法，尤其是深入分析当前体育教育存在的突出问题。于素梅认为"四位一体"目标受到高度重视和广泛关注，是对人才培养的集中要求，是一个都不能少的具体体现。目标各自存在着特有的内涵和明确的指向，贯彻落实要落全、落细、落深。"落全"，主要是瞄准人的全面发展需要，顾此失彼难以达到全面发展的人才培养目标；"落细"，意味着要从面落到点，需要在落实过程中把握好细节；"落深"，就是要纵向贯通，包括外在的各目标要素之间的贯通，还包括各目标要素自身的深化问题。[①]许弘在《以全国教育大会精神推进新时代学校体育的改革与发展》一文中，阐释了学校体育改革与发展"四位一体"目标的内涵及体现，以及新时代学校体育改革与发展的着力点。[②]李小伟在《如何帮助学生在体育锻炼中享受乐趣健全人格》一文中明确提出："开展体育活动，是增进学生身心健康的根本途径，也是全面建成小康社会的必然要求。但在具体的体育活动中，帮助学生享受乐趣、增强体质、健全人格、锤炼意志涉及体育锻炼方式、方法、理念等方面的转变。"[③]对于实现"四位一体"目标，他还提出了 3 个具体督导发力点。专家学者们从不同的角度深入探讨了贯彻落实习近平总书记关于"四位一体"目标的重要论述，《指导纲要》的起草正是在专家学者们的研究成果与经验积累的基础上，旨在面向全国加快落实习近平总书

① 于素梅.《〈体育与健康〉教学改革指导纲要（试行）》十大政策要点落实策略探析 [J]. 体育学刊，2021，28（5）：1-13.

② 许弘 . 以全国教育大会精神推进新时代学校体育的改革与发展 [J]. 首都体育学院学报，2019，31（2）：99-102.

③ 李小伟 . 如何帮助学生在体育锻炼中享受乐趣健全人格 [J]. 中国学校体育，2018（10）：7.

记为学校体育提出的"四位一体"目标，让广大一线教师及体育教育工作者更有效地将其落实到日常体育教育教学与研究之中。

二、落实国家出台的学校体育相关文件精神的需要

为贯彻落实习近平总书记关于体育教育的重要论述，把学校体育工作摆在更加突出的位置，构建德智体美劳全面培养的教育体系，全面加强和改进新时代学校体育工作，2020 年 10 月 15 日，中共中央办公厅、国务院办公厅印发了《关于全面加强和改进新时代学校体育工作的意见》，明确从"改革创新，面向未来""补齐短板，特色发展""凝心聚力，协同育人"三个方面提出了学校体育的工作原则。在不断深化教学改革方面，分别就"开齐开足上好体育课""加强体育课程和教材体系建设""推广中华传统体育项目""强化学校体育教学训练""健全体育竞赛和人才培养体系"提出了明确要求。其中，如何推进教学改革，尤其是如何在开齐开足的条件下"上好体育课"，是新时代学校体育要解决的核心问题。两办《意见》提出要更好地推动学校体育工作，需要全面改善办学条件，包括配齐配强体育教师、改善场地器材建设配备、统筹整合社会资源。其中，如何配齐配强体育教师，实现体育师资队伍建设的质与量的双重提升，是未来深化体育教学改革重点要解决的问题。两办《意见》还针对评价问题明确提出要"积极完善评价机制"，既要求"推进学校体育评价改革"，还要求"完善体育教师岗位评价""健全教育督导评价体系"等。尤其是"围绕教会、勤练、常赛的要求，完善体育教师绩效工资和考核评价机制。将评价导向从教师教了多少转向教会了多少，从完成课时数量转向教育教学质量"。关于提升体育教师素养和加强学校体育评估的问题，2020 年 8 月 31 日，体育总局、教育部联合印发了《关于深化体教融合 促进青少年健康发展的意见》(以下简称《深化体教融合意见》)，明确提出："选派优秀体育教师参

加各种体育运动项目技能培训，增强体育教学和课余训练能力。""教育部门要会同体育、卫生健康部门加强对学校体育教学、课余训练、竞赛、学生体质健康监测的评估、指导和监督。"以上这些政策要点，需要有一个国家层面的推进文件或政策体系来跟进、细化，以便在实践中更好地落实两办《意见》和《深化体教融合意见》精神。《指导纲要》从加快推进两办《意见》和体教融合、深化体育教学改革的角度进行了全面系统的规划。

三、体育学科系统化与科学化发展的需要

体育课程的实施长期存在以下问题：课程内容繁多、体育学习蜻蜓点水、各学段低级重复；有些学生喜欢体育但不喜欢上体育课；很多学生学了十几年的体育而未能掌握一项运动技能，难以有趣、有效地实现终身体育锻炼。体育课程与教学逻辑性不清、系统性不明、衔接性不够，学生体育学习兴趣不足、技能不强、发展不全等一系列突出问题，都显示出体育学科的课程理论体系还不够完善，教学改革方向还不够聚焦。2018年，教育部基础教育课程教材发展中心启动了大中小学德育、体育、音乐、美术四个学科课程各自的一体化建设。其中，围绕体育课程一体化体系建设，持续近三年的系统研究，为贯彻落实习近平总书记提出的"享受乐趣、增强体质、健全人格、锤炼意志"发挥了一定的促进作用，为深入贯彻两办《意见》中提出的"教会、勤练、常赛"进行了理论建构和方法引导，对体育课程内容未来设定为必修必学、必修选学两大类完成了基础性研究，对中小学开展"体育选项走班制"教学组织形式进行了验证，已经在全国部分学校进行了1学年的实验工作，并得出可靠结论，对有效增强学生体育兴趣，让学生享受运动乐趣，掌握1至2项运动技能提供了课程组织保障，探明了体育课程缺乏衔接的根源。为破解衔接难题，通过研制运动能力等级标准和结构化课程内容体系，实现真正的衔接的重要理论创新，初步建

立了三期六级运动能力等级标准和对应的专项运动模块化课程内容体系。[①]
但是，从理论研究到具体实施毕竟是一个需要政策推进的过程，缺少必要
的政策支持，再好的理论都难以转化并有效指导实践。

同时，研究成果也可以转化为政策，从而发挥为决策服务的功能和价
值。基于此，《指导纲要》的起草也是国家重大研究项目真正实现为决策服
务的价值体现。

第二节　《指导纲要》起草的思路

《指导纲要》的起草，以"五个坚持"为基本准则。"五个坚持"即坚
持以"综合育人"为主线，坚持以"目标导向"为指引，坚持以"解决问
题"为根本，坚持以"改革创新"为路径，坚持以"全面协同"为保障。

一、坚持以"综合育人"为主线

体育教学工作说到底就是要通过教学达到育人目的，而体育教学改革
的宗旨是要全面深化育人，实现更好的育人效果。《指导纲要》在一开始
的"前言"中就写道："为贯彻落实习近平总书记在全国教育大会上的讲话
精神，落实中共中央办公厅、国务院办公厅《关于全面加强和改进新时代
学校体育工作的意见》和体育总局、教育部《关于深化体教融合 促进青少
年健康发展的意见》，进一步深化体育教学改革，指导全国中小学体育教师
科学、规范、高质量地上好体育课，更好地帮助学生在体育锻炼中'享受

---

① 于素梅.一体化体育课程的旨趣与建构 [J].教育研究，2019（12）：51-58.

乐趣、增强体质、健全人格、锤炼意志'，促进青少年学生身心健康全面发展，特制定本纲要。"由此可以看出，《指导纲要》力求通过改革促进"四位一体"目标的达成，既包含身体的增强体质，又包含心理的享受乐趣，以及强化心理健康水平的健全人格和锤炼意志，实现更加全面而综合的育人。《指导纲要》一开始就在"指导思想"中明确了这一全面育人的方向，将贯彻落实"四位一体"目标，实现全面而综合的育人作为改革的出发点和落脚点。

《指导纲要》的"总体要求"和"主要任务"是核心内容，且都始终贯穿在育人目标要求和具体任务中。"总体要求"提出，深化体育教学改革，强化"教会、勤练、常赛"，构建科学、有效的体育与健康课程教学新模式，帮助学生掌握 1 至 2 项运动技能，促进中小学生运动能力、健康行为、体育品德等核心素养的形成。这就要求通过强化"教会、勤练、常赛"，更好地促进核心素养的形成。"总体要求"还提出，打造高质量体育课堂，使学生在"知识、能力、行为、健康"诸方面得到全面提升，并细化了"享受乐趣、增强体质、健全人格、锤炼意志"的改革目标。"主要任务"更是围绕更新教学观念、优化教学内容、创新教学过程、完善教学评价等方面提出如何打造高质量课堂，实现更好、更全面的育人。实际上，《指导纲要》要求体育教育教学的全过程要始终围绕全面育人来有效实施。各环节的具体落实，都紧紧围绕"四位一体"目标的实现去优化、去强化，这为落实"综合育人"提供了保障。

二、坚持以"目标导向"为指引

自 2018 年 9 月 10 日全国教育大会召开以来，习近平总书记强调"帮助学生在体育锻炼中'享受乐趣、增强体质、健全人格、锤炼意志'"。这"四位一体"目标给体育教育教学指明了方向，指引着改革的进一步深化，确保改革有更加明确的导向性。

之所以强调"享受乐趣"的目标导向，主要是因为体育教学改革要将激发与培养兴趣放在首位。只有产生了对体育的浓厚兴趣，学生才能乐此不疲地参与其中，很好地掌握运动技能，形成运动能力，才能有规律地参加锻炼，并能够在学习、掌握、运用等全过程中都乐在其中。体育教育改革应首先突出让学生享受运动的乐趣，那些不切合学生实际、不创设愉悦学习环境、不组织能让学生积极参与的活动的体育教学，是远离"享受乐趣"的教学。所以，教学改革要以"享受乐趣"为先。

之所以强调"增强体质"的目标导向，主要是因为学生体质健康问题一直是 30 多年来未能解决又亟待解决的老问题、大问题、难问题。要"增强体质"，从一定意义上说明学生体质健康状况仍令人担忧，并直接影响人才培养质量。体育教学需要主动担当，在其他相关影响因素，诸如睡眠、饮食、学业压力等都调整好的情况下，开齐开足上好体育课，加强组织学生进行科学适宜的体育锻炼，才能在一定程度上遏制学生体质下降的趋势，进而使学生体质保持平稳或逐渐提升的趋势。"增强体质"是有条件的，精准干预"增强体质"也是能见实效的，"眉毛胡子一把抓"，不分层分类促进是不妥的。所以，教学改革要以"增强体质"为重。

之所以强调"健全人格"的目标导向，主要是因为在学生健全人格的培养方面还存在一定的问题。所谓"健全人格"，简而言之就是人格的正常和谐发展。心理学对于健全人格的相关特征是从性格（内外倾向）、人格品质（善恶）、责任感、情绪稳定性、思维开放性五个维度进行界定的。除了人的性格与遗传关联度大之外，其他四个维度都与后天接受的教育有着必然的联系。体育在促进人格健全方面发挥重要作用是得到实践证明的。蔡元培先生曾提出，完全人格，首在体育。所以，教学改革要以"健全人格"为本。

之所以强调"锤炼意志"的目标导向，主要是因为当下一些学生缺乏顽强的意志品质，心理脆弱，抗挫能力差，表现出"遇到困难裹足不前""失败后垂头丧气，一蹶不振""因某种原因受批评时无法承受"，甚至抑郁、轻生现象也偶有发生。总之，这些都是意志不坚的表现。意志是人自觉地确定目标，并根据目标调节支配自身的行动，克服困难，去实现预定目标的心理倾向。而锤炼是指锻炼、磨炼和刻苦钻研。锤炼意志就是使这种心理倾向变得更加突出，能够更好地调节和支配自己的行动。所以，教学改革要以"锤炼意志"为基。

三、坚持以"解决问题"为根本

教育改革的规律基本上是每十年一轮，为什么要改？就是要解决长期积累的问题。体育教学改革同样要面对问题、解决问题。当前体育教学存在哪些亟待解决的问题呢？

从学生的角度来看，学生是体育教学改革的最大受益者，所以，体育教学改革首先要充分考虑学生的发展问题。一是学了十几年的体育，结果多数学生一项技能未掌握的问题。这是一个比较普遍的现象。而且运动能力未形成会带来一系列问题，诸如难以经常锻炼、难以增强体质、无法正常参加体育竞赛等。二是年年参与体育必修课的学习，体质健康水平却仍然逐年下降。学生体质健康测试的数据表明，近些年尽管初一、初二到初三因中考体育，学生体质呈现了逐年上升的趋势，但高一开始又出现下降现象。三是诸多学生未形成自觉、自愿、主动的体育参与意识和习惯。体育教学尚未对学生产生如我们所期望的影响。

从教师的角度来看，体育教师是教学改革的推动者、主力军，体育教师的思想观念、教育教学能力等都与顺利推动体育教学改革密切相关。目前，体育师资队伍建设不足。一是体育教师的总体数量不足，兼职体育教师尤其是农村学校兼职体育教师所占比例相对较高；二是体育教师还缺乏精准分层及更有针对性的培训。教师的数量与质量问题不解决，体育教学改革就很难落到实处。另外，体育教师的改革积极性如果不充分调动，改革的实效性就会大打折扣。

从学科的角度来看，尽管国家越来越重视学校体育，希望通过优化学校体育各项工作，发挥好体育学科的功能和价值，打造高质量体育教育，促进学生身心健康更全面地发展，但是，体育学科当前还不够成熟，体育课程体系还不够健全。例如，课程实施还存在蜻蜓点水、低级重复、浅尝辄止、半途而废等现象，体育教学质量还有待提升，放羊、半放羊课堂还时有发生，体育课被挤占、体育教学随意性问题还未杜绝，这一系列从学科到课程再到教学的诸多问题，困扰着学校体育的发展。鉴于此，当务之急是要出台一些改革措施，有针对性地帮助学校解决这些问题。《指导纲要》的起草工作坚持以"解决问题"为根本，既是问题意识使然，也是破解难题所需。希望通过行政的推动力量，帮助学校彻底解决长期遗留的问题，真正实现教学改革的深化和教学质量的提升。

四、坚持以"改革创新"为路径

《指导纲要》的研制尤为注重改革创新，包括内容的创新、方式的创新、评价的创新等。唯有创新，才能使改革打破既往窠臼，解决悬而未决的问题。《指导纲要》基于体育教学中存在的问题，不仅考虑到要以内容结构化打破单一传授技术的传统的内容设置，还考虑到要通过"体育选项走班制"这一教学组织形式和"体育俱乐部制"等形式丰富授课形式，从而增强学生参与体育运动的兴趣和促进其运动技能的牢固掌握。除此之外，在评价体系建立方面，《指导纲要》充分考虑到运动能力等级评价能更好地反映学生体育核心素养形成的水平，较以往定性评价学业质量是一次突破。就改革的主要执行者和推动者而言，除了落实两办《意见》中提出的配齐配强体育教师,《指导纲要》还考虑到教研员的有无与水平的高低将直接影响体育教师的发展水平与速度,明确提出"配齐配足各级教研员",这是以往文件中未曾强调过的。在体育教师方面,师资要更有保障,除了强化培训,《指导纲要》首次明确体育教师每周 12 课时的基本教学工作量。这一工作量要求,会成为师资力量得到保障和未来考核评价体育教师的重要依据。

五、坚持以"全面协同"为保障

任何一项改革都不是轻而易举的事情,也不是单一因素决定的,更不是靠某一方面的力量推动就能顺利达成的,而是需要多方形成合力协作推动。体育教学改革也是如此。《指导纲要》在起草的时候,就考虑到要从教改任务、组织管理、督导评估、工作推进四个方面建立全面协同改革机制,从而保障改革的整体性。第一,基于教改任务,向教改具体执行者体育教师包括体育教研员提出了"更新教学观念、优化教学内容、创新教学过程、完善教学评价"四项需要认真落实的任务,落实的优劣直接影响改革成效。明确指出完成教改任务的主要执行者是体育教师和体育教研员。第二,基于组织管理,向教育行政部门、学校管理者分别提出了明确的要求,组织管理层层落实,形成齐抓共管的新局面。为配合好组织管理工作和促进教改的顺利进行,还提出开齐开足上好体育课,有条件的学校可以适当增加体育课时,甚至给出非常具体的落实措施,比如,义务教育阶段学校可每天安排 1 节体育课,高中可每周安排 3 节体育课,同时,对体育师资、场地器材等都做了保障性要求。明确指出做好组织管理的主要执行者是教育行政部门领导和学校校长。第三,基于督导评估,向督导评估的专家提出了督评谁、督评什么、怎么督评等具体要求。精准、可行、科学的督导评估不仅能够在一定程度上督查体育教学改革的成效,还能不同程度地指导、促进改革的健康可持续发展。明确指出做好督导评估的主要执行者应该是第三方机构和该领域的专家。第四，基于工作推进，《指导纲要》明确指出，体育教学改革从机构层面来看，应该是由教育部体育卫生与艺术教育司指导地方教育行政部门、学校、第三方机构协同完成；从执行者层面来看，是由地方教育行政部门主管领导、校长、教研员、体育教师、专家等共同推进和完成。由此可见，只有建立"全面协同"机制，体育教学改革才能得到不断的深化和优化。

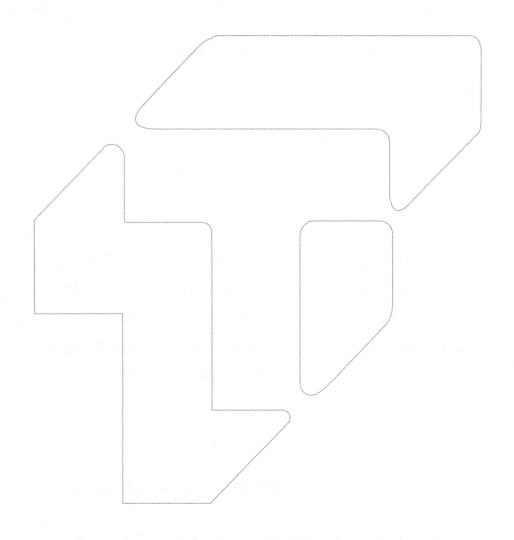

第二章 《指导纲要》的内容解析

本章阅读路径

1.《指导纲要》的总体要求是什么？

2.《指导纲要》有哪些主要任务？

3.《指导纲要》强调从哪些方面做好组织保障？

4.《指导纲要》要求从哪些方面做好督导评价？

5.《指导纲要》提出了哪些工作要求？

　　《指导纲要》有着完整的内容体系，从教学到管理，再到督导评估工作，明确了教改方向，系统呈现了体育教学改革的思路与具体做法。《指导纲要》包括总体要求（指导思想、改革内容、改革目标）、主要任务（更新教学观念、优化教学内容、创新教学过程、完善教学评价）、组织保障（组织管理、课时保障、师资保障、场地器材）、督导评价（加强对教育行政部门的督导评估、强化学校落实学校体育教学改革的主体责任、注重教师实施体育教学改革的过程与结果、强调学生达成体育教学改革的目标与效果）和工作要求（确定试点、教改培训）五大部分十七项具体内容。

第一节　《指导纲要》的总体要求与解析

　　每一类纲要文件的研制都需要从总体上提出一些要求，《指导纲要》也在总体要求上提出了指导思想、改革内容、改革目标三个方面的具体要求。对三个方面的文本内容解析如下。

一、抓关键动词与关键要素："指导思想"解析

　　以习近平新时代中国特色社会主义思想为指导，全面贯彻党的教育方针，落实立德树人根本任务，树立"健康第一"教育理念，深化体育教学改革，强化"教会、勤练、常赛"，构建科学、有效的体育与健康课程教学新模式，帮助学生掌握1至2项运动技能，促进中小学生运动能力、健康

行为、体育品德等核心素养的形成，为实现"健康中国""体育强国"作出体育学科的贡献。

---

1. "指导思想"中包含若干关键性动词

《指导纲要》的"指导思想"中共包含9个具体要求的动词，即"贯彻、落实、树立、深化、强化、构建、帮助、促进、实现"。明确提出"以习近平新时代中国特色社会主义思想为指导"，这是每一个体育教育工作者都必须首先明确的。在此思想指导下，围绕9个关键词就有了对应的行动指南，即明确了要做什么。

贯彻，就是要贯彻党的教育方针。党的教育方针明确提出，培养德智体美劳全面发展的社会主义建设者和接班人。所以我们一定要明确，体育在五育中既不可或缺，又是与其他四育一道在共同育人。要站在育人的高度，重新审视和把握我们的本职工作。

落实，就是要求"落实立德树人根本任务"。何谓"立德树人"？如何在体育教育教学工作中真正做到"立德树人"？这是"落实立德树人根本任务"首先要明确的问题。立德，就是坚持德育为先，通过正面教育来引导人、感化人、激励人；树人，就是坚持以人为本，通过合适的教育来塑造人、改变人、发展人。在落实立德树人根本任务的时候，教育者不可忽视自己的表率作用，所以教师要先立德，才能更好地引导学生、感化学生和激励学生。教师还要用发展的眼光看待学生的发展需求，不能仅仅盯着眼前或当下。教育是国之大计，体育是教育的重要组成部分，只有把"立德树人"贯彻到体育教育事业发展之中，贯穿到体育课堂教学之中，把握教育时机，注重德育渗透，强化课程思政，排除一切影响学生人格健全、意志坚定的不良因素，做到以树人为核心、以立德为根本，牢牢把握"立德树人"根本任务，培养社会主义建设者和接班人，才能真正有助于建成教育强国。

树立，就是要树立"健康第一"的教育理念。习近平总书记在全国教育大会上强调，要树立"健康第一"的教育理念。"健康第一"不只是体育学科的事情，也是学校教育要贯彻落实的事情。所谓"健康第一"，既强调要重视健康，又强调要把健康摆在首位。习近平总书记强调："把人民的生命和健康放在第一位。"习近平总书记还深刻指出："没有全民健康，就没有全面小康。"身体健康是立身之本，人民健康是立国之基。运动是增进健康的重要手段，把运动融入日常生活，让健身成为一种习惯，推动全民健身和全民健康深度融合，我们就能让美好生活更加幸福，让健康中国充满活力。健康是责任，健康是任务。每个人都是自身健康的第一责任人。学校教育树立"健康第一"的教育理念，需要时刻将增进学生的健康放在最重要的位置上，体魄不强健，心理不健康，其他发展得再强大都无济于事。没有健康的保障，一切都毫无意义。因此，应该将让学生爱运动、会运动、能运动、享受运动的体育教学作为增进学生健康的重要手段，体育教学改革依然强调要树立"健康第一"的教育理念。

深化，就是要求深化体育教学改革。体育教学改革永远在路上，是无止境的。因为时代在变革，社会在变化，质量要求在不断提高，体育教学改革几乎也是每十年一个周期，每次改革都是在前一次的基础上的深化，但如何深化？从哪些方面深化？深化到什么程度算是真正意义上做到了深化？对这些问题的回答，前提是要坚定深化改革信念，树立成功深化改革的信心，找到深化改革的路径和突破口。总体上而言，当下深化体育教学改革，就是要让体育教学改革向纵深发展，力争彻底解决现有问题，努力开创体育教学改革的新局面，取得新成效。例如《指导纲要》倡导以多种方式组织课堂教学，打破过去单一的"行政班级授课制"形式。推出"体育选项走班制""体育俱乐部制"等丰富多样的、深受孩子们喜爱的组织形式。总之，深化就是要有目标导向上的大的变化，体育教学改革不能停留在口号上，不能流于形式，要有实实在在的变化。

强化，就是要强化"教会、勤练、常赛"。那究竟什么是"教会、勤练、常赛"？所谓"教会"，有三个递进的过程与标志，缺一不可，即理解、掌握、能用。首先，是理解了。对知识、技能的理解至关重要，过去体育课堂不太注重让学生理解，对体育学习内容不理解就难以有真正意义上的掌握。其次，是掌握了。对知识、技能的掌握是教会的必经过程，掌握的具体表现是知识记住了，技能熟练了，但还不能算是真正意义上的会用。最后，是能用了。对知识、技能的应用达到了一定水平，能够精准灵活地运用，产生一定效果，发挥较大作用，能用是"教会"的重要标志。什么是"勤练"？把握好"勤练"的"度"至关重要，对"度"的把握可从数量、质量方面来理解。那么，达到怎样的练算是"勤练"呢？首先，从数量上来看，"勤练"要求练得多，包括次数、频率、时间的保证，要养成每天锻炼的习惯。课堂上对于练的时间安排要尽可能地充足，校内要确保体育课、大课间、课外活动按时正常地开展；校外以家庭体育锻炼为主，要尽可能达到每天锻炼一小时。其次，从质量上来看，"勤练"要求练得好，要有一定质的保障，练的动作要准确，有利于身体发展、技能掌握并减少损伤；练的强度要到位，有利于增强体质、锤炼意志并符合科学；练的形式要多样，有利于激发兴趣、享受乐趣并促进坚持。何谓"常赛"？就是让比赛成为常态。从参与人群上来说，包括全体学生参与的课内外体育比赛，也包括特长生参与的校内外运动竞赛。从组织类型上来说，有简便灵活的课堂比赛，有规范、正式的课外各类竞技比赛。第一，高度重视"常赛"。提高重视程度，充分挖掘比赛的育人功能和促进学生全面发展的价值，发挥好"以赛导学""以赛代练""以赛促评"的功能。第二，多元组织比赛，学校强化组织和积极参与比赛，社会机构创设丰富多样的比赛，家庭协同鼓励孩子参加比赛。第三，建立"常赛"机制。健全比赛机制，优化比赛方案。人人赛突出全员性，课课赛体现激励性，层层赛强调选拔性，从而更科学地促进学生发展。

　　构建，就是要构建科学、有效的体育与健康课程教学新模式。何谓教学模式？它是在一定教学思想或教学理论指导下建立起来的较为稳定的教学活动结构框架和活动程序。结构框架突出教学模式从宏观上把握教学活动整体及各要素之间内部的关系和功能；活动程序突出教学模式的有序性和可操作性。教学模式通常包括五个因素，即理论依据、教学目标、操作程序、实现环境、教学评价，各因素之间有规律地联系着就是教学模式的结构。就《指导纲要》所提出的"构建科学、有效的体育与健康课程教学新模式"而言，要基于一体化的"学、练、赛、评"四个环节要素，构成结构式教学活动框架和活动程序。该模式能够打造出"学、练、赛、评"一体化新样态体育课堂。要建构新样态体育课堂，"学、练、赛、评"一个都不能少。体育课堂教学有多种形式，为确保和提高体育教学质量，"学、练、赛、评"需要系统呈现并形成闭环，下一节课应该在上一节课的基础上组织新的"学、练、赛、评"。新样态体育课堂"学、练、赛、评"还需要明确主线。体育课堂教学的主线要非常鲜明，无论是学与练，还是赛与评，需要紧紧围绕育人目标展开和组织各项活动，尽量避免出现一切形式化的"学、练、赛、评"。

　　帮助，就是要帮助学生掌握1至2项运动技能。这里之所以是帮助，而不是强制，更不是大包大揽，是因为能否掌握1至2项运动技能，最终是由学生自身决定的。如果孩子不愿学，不喜欢某项运动，他就难以达到真正意义上的掌握。帮助学生掌握，这里既有一个度的把握，又有方式方法的呈现问题。帮助，是给出方向性引导。或许孩子们起初还不知道参与哪些运动，爱上哪些运动，这个时候，教师要基于学生的发展规律、认知水平等有选择地提供一些适合他们学的动作或技术。一旦过了懵懂阶段，教师就要能够帮助学生选择或确定哪项运动才是最适合学与练的，学生一旦选择确定好某一项目，在具体到学习的时候，教师还要遵循教育规律，帮助学生学会所学项目，直至达到真正意义上的掌握。在整个过程中，教师所扮演的角色，是要助一臂之力，不断地调动学生的主观能动性，激发其发挥主体作用的助力者角色。

促进，就是要促进中小学生运动能力、健康行为、体育品德等核心素养的形成。《普通高中体育与健康课程标准（2017年版）》中明确提出，学生体育与健康学科核心素养主要包括运动能力、健康行为和体育品德。运动能力是体能、技能和心智能力的综合体现，因此，在促进运动能力形成的时候就必须包括这三个方面的一并提升，体能的提升是前提和基础，技能的掌握是根本和核心，心智能力的培养不可或缺，否则就无法将体能与技能综合形成能力，也难以实际体现出一定水平的运动能力。健康行为是有利于促进健康的行为，是正向的、持久显现的，从健康意识的增强、健康知识的掌握开始，为健康行为的形成奠定基础，知行合一才能真正促进健康。体育品德是体育的品格与道德的综合体现，是属于情感态度和价值观类的素养要素，促进学生形成良好的体育品德才更有利于促进其全面发展。《指导纲要》提出促进学生体育核心素养的形成，是体育教育发挥综合育人功能的必然需求和价值体现。

实现，就是为实现"健康中国""体育强国"作出体育学科的贡献。《"健康中国2030"规划纲要》明确提出："推进健康中国建设，是全面建成小康社会、基本实现社会主义现代化的重要基础，是全面提升中华民族健康素质、实现人民健康与经济社会协调发展的国家战略。""健康中国"建设主要指标之一："经常参加体育锻炼人数（亿人）2015年：3.6（2014年）；2020年：4.35；2030年：5.3。"体育在促进健康方面具有独特的功能，体育教育能够发挥育体、育智、育心的综合育人功能，具有促进人的身心健康的重要价值。"健康中国"建设要实现人人健康，就必须深化体育教学改革，优化对青少年学生的体育教育，有效提升他们的健康水平，为实现"健康中国"作出体育学科应有的贡献。《体育强国建设纲要》明确提出：

"到 2050 年，全面建成社会主义现代化体育强国。人民身体素养和健康水平、体育综合实力和国际影响力居于世界前列，体育成为中华民族伟大复兴的标志性事业。"《体育强国建设纲要》的颁布对学校体育教育提出了更高的要求，从学校方面将"体育强国"的精神落到实处，加强学校体育工作，注重全体学生的全面发展，深化体育课程与教学改革，通过"教会、勤练、常赛"，促进学生牢固掌握 1 至 2 项运动技能，养成锻炼习惯，终身参加体育锻炼；帮助学生在体育锻炼中享受乐趣、增强体质、健全人格、锤炼意志，增强青少年学生对祖国发展与建设的责任感和奉献力量。《体育强国建设纲要》的颁布，使我们更加深刻地认识到加强学校体育工作、深化体育课程与教学改革、促进学生健康发展的重要性和紧迫感。

2. "指导思想"中包含若干关键要素

《指导纲要》在"指导思想"部分包含几个关键要素，归纳起来主要包括"立德树人""健康第一""创新模式""掌握技能""培育素养"。

立德树人，党的十八大报告《坚定不移沿着中国特色社会主义道路前进 为全面建成小康社会而奋斗》首次提出"把立德树人作为教育的根本任务"。因为正确的世界观、人生观、价值观是人的文化素养的核心与标志。《指导纲要》也依然需要将"立德树人"作为教育的根本任务落实在具体的教育教学活动之中。

健康第一，作为教育理念，贵在从大教育的角度倡导，而不仅仅是以体育促进健康。健康第一与立德树人一样不可忽视，且作为《指导纲要》的指导思想需要认真贯彻落实。违背了健康第一的教育理念是要付出代价的，而且这个代价可能是健康的代价乃至生命的代价。因此，体育教育的全过程都要始终确保对健康的科学促进和有效维护。体育教学改革无论改向何方，健康第一的教育理念应始终坚持丝毫不变。

创新模式，体育教学模式的创新是体育教学改革的关键。《指导纲要》

提出：深化体育教学改革，强化"教会、勤练、常赛"，构建科学、有效的体育与健康课程教学新模式。如何体现科学与有效，这是创新教学模式需要始终牢牢把握的。《指导纲要》在强调"教会、勤练、常赛"的基础上，提出打造学、练、赛、评一体化新样态体育课堂，这是未来课堂教学改革的科学化、系统性的综合体现。

掌握技能，就体育课程而言，技能掌握十分重要，尤其是要求每个学生都能够掌握 1 至 2 项运动技能。这就要求体育课堂教学对运动技能的学习和掌握要有明确规定性，其教学组织就要充分考虑如何有利于学生运动技能的掌握。可以从两个方面去做：一是加快运动技能的掌握速度，二是确保运动技能的掌握质量。

培育素养，体育课程的目标实际上指向的是培养学生的体育学科核心素养。通过培养学生的体育学科核心素养，形成终身体育锻炼的观念和习惯；通过参加科学的、适宜的体育运动，能给人们带来工作、生活等方面的改变，真正发挥为"健康工作五十年、幸福生活一辈子"奠基的作用。所以，在《指导纲要》的指导思想中，强调了"促进中小学生运动能力、健康行为、体育品德等核心素养的形成"，既体现了体育的综合育人功能，又强调了体育教学改革强化素养培育的价值。

二、从转变观念到具体实践："改革内容"解析

通过深化体育教学改革，转变教学观念，全面把握"教会、勤练、常赛"的内涵与要求，使其成为常态化、规范化、系统化的教学组织模式。打造高质量体育课堂，使学生在"知识、能力、行为、健康"诸方面得到全面提升。明确学生各学段特点与发展需求，使体育教学内容更加富有逻辑性、系统性和衔接性。根据各学段教学目标，合理选择多元化教学模式和多样化组织方式，因地制宜、因材施教，增强体育教学方式改革的有效

性、可行性。采用科学、操作性强的发展性评价指标体系，让体育学业质量评价更加具体、客观，建立"以评价促发展"的新生态。优化组织管理，建立健全保障机制，形成教育行政部门、学校领导、教师与家长齐抓共管"以体育人"的新格局。探索建立学生体育学习过程管理长效机制，树立体育教学管理务实创新的新形象，全面促进体育教学改革。

体育教学改革究竟要改什么？《指导纲要》从以下几个方面提出了明确要求。

一是转变教学观念，把握内涵。转变观念，把握内涵，是从意识改变到概念再认知的过程。对于改革，如果传统的观念得不到及时转变，改革根本无从谈起，更难以落实。因此，把"教会、勤练、常赛"作为常态化、规范化、系统化的教学组织模式，才是深耕改革的具体体现。"教会、勤练、常赛"听起来不难理解，但是做起来并非易事，尤其是作为常态化、规范化、系统化的教学组织模式，需要认真把握其内涵，明确要求，长期坚持，固化成型。只有这样，才能真正发挥体育学科综合育人的功能和价值，达到体育学科真正的育人目标。

二是注重保障质量，全面提升。打造高质量体育课堂，才能使学生在"知识、能力、行为、健康"诸方面得到全面提升。这不仅是一项重要改革内容，而且其方向性非常明确，就是要追求高质量课堂的打造，而不仅仅是停留在有质量上。之所以提出学生在"知识、能力、行为、健康"诸方面得到全面发展，是因为这不但是围绕体育核心素养提出来的明确要求，而且是对以往目标不全面又不聚焦的改进和完善。这样才能真正体现出体育教育的价值和意义。

三是内容富有逻辑，系统连贯。《指导纲要》指出：明确学生各学段特点与发展需求，使体育教学内容更加富有逻辑性、系统性和衔接性。体育教学内容问题是长期遗留的疑难问题，尤其是逻辑起点不明、内容与内容之间的关系不清，先学什么，后学什么，每个学段或年级应学到什么程度，始终缺乏规定性和相对的统一性。所以，常出现想教什么就教什么，想教多少就教多少的不良现象。本次改革明确提出了要体现衔接，就是要彻底打破过去蜻蜓点水、低级重复的现象，从而实施富有针对性的、系统的教学。

四是关注差异，有效教学。《指导纲要》比较注重因人而异、因材施教。这实际上也是一直倡导的"以育人为主线"的具体要求。因此，要根据各学段教学目标，合理选择多元化教学模式和多样化组织方式，因地制宜、因材施教，增强体育教学方式改革的有效性、可行性。广大一线教师要想把握好以体育人，就要充分考虑和确定好各学段的育人目标，有了目标导向，才能真正地把握好因材施教，而不会流于形式。

五是注重发展性评价，以评价促发展。评价能检验教学的实效性，客观、科学的评价还能发挥对学生学习的促进作用。《指导纲要》提出：采用科学、操作性强的发展性评价指标体系，让体育学业质量评价更加具体、客观，建立"以评价促发展"的新生态。这不但要求采用发展性评价指标体系评价体育学业质量，而且强调要建立"以评价促发展"的新生态。之所以提出这样的要求，是因为一方面要进一步完善评价标准和评价方式，消除过去的评价弊端，补齐缺少量化与系统性的体育学业质量评价短板；另一方面要充分发挥评价的激励作用，促进学生更好地发展，实现"评价—发展—再评价—再发展"的螺旋上升，形成良性循环，而不是只有为评价而评价的单一检验功能。

六是优化管理，多方协同育人。体育教育工作开展得好与坏，不仅仅是学校一方的事情，它与教育行政部门是否作为，学校领导是否真抓实干，教师是否有使命担当精神与教育教学能力，家长的认识高度与支持力度如何等都有着必然的联系。因此，《指导纲要》明确提出："优化组织管理，建立健全保障机制，形成教育行政部门、学校领导、教师与家长齐抓共管

'以体育人'的新格局。"要求多方形成合力，这是改革的一项重要内容，是多方提供保障的具体而明确的要求。这就需要建立协同育人机制，除了各负其责，还要联动发展，任何一方不给力，少作为，都难以形成合力。

七是注重过程管理，建立长效机制。体育教学改革的实现并非一日之功，有时难以立竿见影，往往是一个长期不断发展完善的过程。因此，要注重过程性管理，并建立长效机制，扎实推进体育教学改革。《指导纲要》提出了要"探索建立学生体育学习过程管理长效机制，树立体育教学管理务实创新的新形象，全面促进体育教学改革"。那么，如何建立学生体育学习过程管理长效机制？一是要重视过程管理，这是真正促进教学改革可持续发展不可或缺的，也是真正突出"以人为本"的具体有效的做法。二是要树立体育教学管理务实创新的新形象，这就要体现"实"和"新"，做事要实，真抓实干是根本，做法要新，方式创新要体现。所以，需要引入创新管理方式，使得过程管理有质、有量、有序、有效。例如，可引入智慧管理系统，通过大数据提升过程管理的科学化、便利化。

三、深刻把握"四位一体"内涵："改革目标"解析

——享受乐趣。在体育教学活动中注重增加游戏与比赛等竞争要素，让学生在体育锻炼中享受竞争与表现的乐趣，实现从激发兴趣到形成志趣、享受乐趣的层层深入。通过组织游戏、增加竞赛、丰富内容、鼓励自主等方式，提高学生锻炼的积极性、主动性、自觉性和持久性，帮助学生有效锻炼、掌握技能、提高能力、体验成功，使其真正能够乐在其中。

——增强体质。重视在体育教学中强化锻炼、增强学生体质，要加强"勤练"，在基本运动技能的锻炼中不断发展学生的速度、力量、耐力、柔韧、灵敏、协调、平衡等身体素质。要根据不同年龄、性别、教材、课型、场地、气候等科学安排运动强度，合理设计练习密度，针对学生素质发展

敏感期合理组织学、练、赛，科学推进基本运动技能"课课练"活动。要通过高质量组织课堂教学，课内外相关联开展大课间、课外体育活动、校外体育锻炼等，有效增强学生体质。

——健全人格。通过在体育教学过程中渗透社会主义核心价值观教育，培养学生的爱国情怀、社会责任感和良好的个人品质。全面把握体育的"育体、育智、育心"综合育人的价值，通过全员参与的体育竞赛活动，培养学生的集体荣誉感，塑造活泼开朗、与人为善、团结协助、遵守规则等良好品格，促进学生身心健康与人格健全。

——锤炼意志。通过体育课、体育训练和体育竞赛活动培养学生不畏困难、不怕吃苦、不惧失败的意志品质。精心设计有一定强度、一定难度的运动技能学习，培养学生吃苦耐劳、坚持不懈等优良品质，要通过组织教学比赛和竞技比赛，不断培养学生顽强拼搏、积极进取、勇敢坚毅等坚强意志。

改革目标是以习近平总书记在全国教育大会上关于"四位一体"目标的重要论述为宗旨的，《指导纲要》将这"四位一体"目标确定为改革目标，也就是说，要通过改革在这些目标达成上有所突破。

1. 关于"享受乐趣"目标

对"享受乐趣"的理解，不同的人可能有不一样的认识。有的理解得可能会浅一点，有的可能会深一点；有的可能会近一点，有的可能会远一点；有的可能会低一点，有的可能会高一点。总之，出现理解的不一致，就会造成做法上的不统一，结果上有差异。因此，准确理解习近平总书记提出的"享受乐趣"，这是顺利、有效达成该目标的关键。

《指导纲要》提出："在体育教学活动中注重增加游戏与比赛等竞争要素，让学生在体育锻炼中享受竞争与表现的乐趣，实现从激发兴趣到形成志趣、享受乐趣的层层深入。"其中，有几个关键词——竞争、兴趣、志趣、乐趣。可以说，强调通过竞争使学生乐在其中，这充分结合了学生身心发展特点，尤其是青少年学生争强好胜的心理，把握住兴趣从激发到保持再到升华的根本动力来源。简而言之，竞争是享受乐趣的驱动力，这也是大家公认的体育活动的一个基本特点。

《指导纲要》还提出："通过组织游戏、增加竞赛、丰富内容、鼓励自主等方式，提高学生锻炼的积极性、主动性、自觉性和持久性，帮助学生有效锻炼、掌握技能、提高能力、体验成功，使其真正能够乐在其中。"这些要求中有 8 个核心词组值得进一步解读，即"组织游戏、增加竞赛、丰富内容、鼓励自主、有效锻炼、掌握技能、提高能力、体验成功"，它们既体现出相对的一致性，又体现着达成"享受乐趣"目标的多元性，更彰显着该目标达成的复杂性。因此，我们就不能简单地将此目标理解为仅仅通过某一方面就能让学生享受到运动的乐趣。享受乐趣不是轻而易举能够达到的，既不可将其理解为浅层次的体验快乐，也不是仅仅看到眼前的短暂表现，而是要深层次挖掘，尤其是从教育心理学视角，挖掘"享受乐趣"的底层逻辑。享受乐趣究竟与什么有关系？哪些关系密切？哪些关系一般？享受乐趣要经历什么样的发展过程？学生的情感发生了哪些变化？等等。这些都值得进一步研究探索。下面进一步分析 8 个核心词组，从而初步确定"享受乐趣"的形式与内容等。

关于"组织游戏"，这是力求通过组织各种各样的游戏激发起学生对体育学习的参与兴趣。提高了参与度，就奠定了兴趣培养的基础，但游戏的内容、组织的方式至关重要，有的通过游戏并不能达到预期目的，不是组织方式不当，就是游戏内容缺乏适切性，如游戏低龄化等。因此，"组织游戏"不能简单化操作，同样需要对游戏进行精准选择和通过适宜组织方式才能达到应有的效果。

关于"增加竞赛"，就是力求通过增加各种各样的竞赛活动提高学生对体育学习的兴趣，产生一种期待或渴望参加运动的心理。《指导纲要》提出每节课都要安排教学比赛，比赛的形式与内容可以灵活把握。那么，这里就要把握好如何增加竞赛活动，在哪个环节增加，课内外都要同步考虑增加的问题。此外，不同场景下参加竞赛的难易度有区分，竞赛的具体内容或项目有不同，但增加竞赛对于"享受乐趣"而言，有着极大的推动作用。

关于"丰富内容"，就是力求通过对内容的丰富，满足学生的兴趣爱好和运动需求。但一定要把握一个度，即不能丰富得过繁、过杂，不是什么都适宜学生去学习或体验的，丰富内容的方向性要明确，丰富内容的量要控制，这里既包含要合理精准地选定教会学生的健康知识、基本运动技能等必修必学内容，也包含基于对学校实际、教师专业、学生爱好、项目文化的育人特点综合判断后开展哪些专项运动技能的选项教学。这样既能避免过去的蜻蜓点水现象，也能通过适当丰富内容充实学习过程，满足学生的全面发展需求。

关于"鼓励自主"，就是力求给学生留有自主学习的机会或空间，打破过去一刀切、大统一式的组织方式。缺乏结合学生实际适当给予自主的教学，不但不能充分调动学生学习的积极性，而且学习效果也会因此大打折扣。学生的体育学习要把握"严而不死，活而不乱"的组织有效度，有"严"有"活"，松紧适度，教与学的双边活动自然而不形式化，更不固化。这就要求适当给学生自主学习的机会，而且往往在自主学习中更能充分发挥学生的主观能动性，发挥其主体作用，这样才能够凸显创新意识、创造精神等。

关于"有效锻炼"，就是要确保锻炼的有效性，无论是课上还是课下，校内还是校外，只有参与有效的锻炼才能达到预期的目的。有效锻炼才能够真正起到健身功效，才能促进运动技能的学习和掌握、运动和锻炼能力的提升，以及有成功的体验等，这都为学生"享受乐趣"提供了保障。要想达到有效锻炼，关键在于如何组织，这其中所涉及的因素很多，人、事、物都与之有关。人的因素，主要是教师和学生，教师的能力水平直接关系到锻炼项目设计得是否科学、合理、适宜、安全等。学生的态度与需求等则影响着锻炼效果，如态度端正、参与积极又能满足运动需求，锻炼就会更加有效。事的因素，就是教学的目标定得是否适宜、具体，重点难点把握是否准确、到位，组织方式是否灵活、新颖等，这都与锻炼是否有效有着必然联系。物的因素，主要指的就是场地、器材、设备等看得见摸得着的可视化条件，锻炼是否有效与其种类、数量、质量都有着必然的联系。常言道："巧妇难为无米之炊。"为提高锻炼的有效性，需要优化设施设备，尤其是满足基本的体育学习和锻炼的场地器材要充足和好用。否则，兴趣何以产生？更遑论享受到乐趣。

关于"掌握技能"，就是通过技能的掌握，让学生享受整个过程，经历从不知到知、从不会到会的学习与提高过程。学生的经历越丰富，感悟越深刻，兴趣就会越浓厚。然而，掌握技能并不是一件轻而易举的事情，它既与前面所谈到的组织游戏、增加竞赛等诸要素有关，更与教师的教学能力和学生的技能基础有关。不管是要掌握何种运动的技能，都要经历一个泛化、分化、巩固提高与自动化的过程，所以教师要把握运动技能形成规律，要基于学生的技能基础分层实施教学、有效指导。掌握了某项运动技能，学生就会体会到学习的收获，逐步有乐在其中的感觉。所以，体育教学改革要瞄准学生"享受乐趣"的目标，充分考虑掌握技能对"享受乐趣"的促进作用。

关于"提高能力"，就是重点要提高学生的运动能力，当然也可包含自主锻炼能力、健康促进能力等。提高了运动能力，学生就能将这一能力更全面地运用于生活、比赛等不同的场景之中。提高了自主锻炼能力，就便于运动习惯的养成，并能逐渐让运动成为生活的一部分，即养成有规律的生活方式。提高了健康促进能力，自然就有利于有效促进健康，提高健康水平。运动能力、自主锻炼能力、健康促进能力对于学生发展而言都不可或缺，这些能力获得了提高，"享受乐趣"自然就有了根基。

关于"体验成功"，就是通过对成功的体验达到享受运动的目的。这里的"成功"内涵也较为丰富，不局限于比赛中获胜的成功，更广泛意义上的成功还包括一个动作或技术掌握的成功体验，帮助别人获得成功的满足感，在教师的指导下团队合作创编一套操或舞的成就感，自己通过努力跨越障碍、破解难题的愉悦体验，等等。因此，《指导纲要》强调通过"体验成功"从而"享受乐趣"，这是体育教学和校内外锻炼中不可忽视的。

2. 关于"增强体质"目标

"增强体质"是通过科学的体育运动能够有效促进的，但也并非轻而易举就能够达到。因为影响体质增强的因素是多方面的，而且体质增强也不是一朝一夕就能够有所显现的，也就是说，运动对体质增强的效果，往往需要一个过程，基于不同的体质需要增强的类型也有区别。相比较而言，有的提高得快，有的提高得慢，有的提高幅度大，有的提高幅度小，因此要达到"增强体质"的目标，就要能够客观认识该目标达成的难度和速度，既不能急于求成，也不能失去信心。那么，如何才能有助于"增强体质"目标的达成呢？

《指导纲要》首先提出："重视在体育教学中强化锻炼、增强学生体质，要加强'勤练'，在基本运动技能的锻炼中不断发展学生的速度、力量、耐力、柔韧、灵敏、协调、平衡等身体素质。"这里有两个关键点需要引起重视。一是要加强"勤练"，只有强化了"练"，才有可能增强体质。那么，"勤练"的度该如何把握，"练"到何种程度算是"勤"，也就是说"勤"的衡量标准是什么，是不是简单地练"多"了就是"勤"？那么多到什么程度？总之，提出了要求"勤练"，就要深入探讨应如何定位，否则就难以评价其效果，增强体质也难以实现。就体育课堂而言，要能够在锻炼时间上有充足的保障。那么什么是有充足的保障呢？就是在合理的组织下，没有时间上的浪费，达到充分利用课堂上的分分秒秒，这就需要遵循"精讲多练"和"少等多动"的原则。所以从时间上来看，"勤"在于时间上没有浪费，充分保障学生有充足的练习时间，这与《普通高中体育与健康课程标准（2017 年版）》所提出的运动密度不低于75%、练习密度不低于50% 是有一定吻合度的。从效果上来看，"勤"还要追求质量，不准确的"勤练"，甚至不正确的"勤练"，是很难见到实效的，甚至会导致一定的伤害。所以保障质量是"勤练"的关键性要求。除此之外，"勤练"能促进运动习惯的养成；反之，有了运动的习惯也能体现出"勤练"。因此，《指导纲要》提出要做到"勤练"，不仅内涵丰富，而且合理有效的"勤练"能对增强体质有直接的促进作用。二是强调了基本运动技能练习对各项身体素质的促进。这也等于说明了基本运动技能与身体素质的关系：既各自独立又相互联系，并互为促进。基本运动技能是两办《意见》提出的需要教会学生的一项重要内容，在体育课堂上要具体落实，其落实的效果不仅代表着教会程度，而且还与学生的身体素质息息相关。《指导纲要》提出"在基本运动技能的锻炼中不断发展学生的速度、力量、耐力、柔韧、灵敏、协调、平衡等身体素质"，就是要求我们一方面处理好基本运动技能与身体素质的关系，另一方面要能够针对某项身体素质的提高，合理安排基本运动技能活动方式。过去对基本运动技能与体能的关系在认识上还存在一定的误区或偏差。有的人认为基本运动技能与体能是上下衔接的关系，即一定年龄段如小学 1—2 年级练习基本运动技能，随着年龄段的提升如到了 3—4 年级，就开始进行专项类技能及体能的练习。这种认识显然是有失精准的。有这种认识者，是将基本运动技能与体能等同起来，混淆了二者的本质区别。这样的失之偏颇的认识，会导致基本运动技能内容安排的局限性，否定了基本运动技能对满足日常生活的基础性和专项运动技能掌握的支撑作用。基本运动技能和体能都需要贯穿基础教育过程的始终，其中，基本运动技能是基础教育阶段的必修必学内容，基本运动技能是基础和保障，不仅需要学习，需要锻炼，而且需要贯穿基础教育课程教学的始终。因为，基本运动技能活动是促进体能提升的重要手段，只是在不同的学段，基本运动技能活动的难度会随着学段或年级的递增而逐渐加大。离开了基本运动技能活动，体能难以得到发展。甚至在幼儿阶段就应该开始进行基本运动技能活动，比如通过游戏的方式组织开展走、跑、跳、投、滚、翻、爬、钻等技能的培养。体能在各个学段更是不可或缺，教育部《幼儿园工作规程》和《幼儿园教育指导纲要（试行）》中明确指出：幼儿园体能训练不仅可以促进幼儿身体发育机能的协调发展，增强体质，促进幼儿身心和谐健康发展，还能培养参加体育活动的兴趣和发展各种基本动作。义务教育阶段和高中教育阶段的体育与健康课程标准也明确将体能训练作为一项重要内容列入课程之中。而且体能的发展水平决定着学生在各学段的学习、生活质量，更关系专项运动技能能否牢固掌握并达到学以致用的水平，因此体能绝不是在某个学段才应该强化的，而是要贯穿幼儿到小学、初中、高中，乃至大学的全学段的学习与锻炼之中的。

《指导纲要》接着提出："要根据不同年龄、性别、教材、课型、场地、气候等科学安排运动强度，合理设计练习密度，针对学生素质发展敏感期合理组织学、练、赛，科学推进基本运动技能'课课练'活动。"这里有几个关键要把握：一是科学安排运动强度，二是合理设计练习密度，三是合理组织学、练、赛活动，四是科学推进"课课练"活动。这四个关键内容聚焦负荷与活动，提出了如果要达到"增强体质"的目的，就需要有一定的负荷和活动方式与内容来支撑，并提高其科学化程度。关于运动强度和练习密度，以往学校体育界有过无数次的讨论和研究，有诸多成果呈现。有的认识上相近，甚至完全一致；有的认识上有较大差异，甚至完全相反，存在着较大分歧。有不少一线教师感到困惑，经常会咨询："究竟体育课上的运动强度和练习密度多大合适？"一节体育课要体现科学性、适宜性、实效性，真正对"增强体质"有一定的作用，就不能在强度与密度的设置和把握上搞一刀切、大统一，因为学生是有差异的，教材性质与特点是有不同的，甚至安排强度与密度的时候，还受课的类型、场地器材条件以及气候条件等的影响，因此需要根据不同年龄、性别、教材、课型、场地、气候等科学安排运动强度，合理设计练习密度。也就是说，不同内容的课，在不同的条件下其强度和密度是有差异性的。此外，根据学习目标的不同，体育课上不同环节应该安排不同的运动强度，且在不同的时间段，尤其是不同的练习和比赛环节应准确设置运动强度，最好不要用一些研究中提出的"平均心率"高低来判断一节课的运动强度是否合理，因为各环节强度分配不合理的某节体育课，其"平均心率"也有可能符合规定的指标。合理的处理方式，应该是在备课的时候就根据学生体育学习与发展的需要，提前设定好每个练习与比赛等时间段内的运动强度。这样不仅更科学，而且体育教师也能够更精准地把握一节课的强度分配，并达到一定的锻炼效果。"练习密度"的把握是又一项能够体现体育课是否科学的指标，近些年关于安排多大密度适宜也众说纷纭，但同样不能搞一刀切、大统一，不同的课型、不同的教材等也同样具有差异性。至于差异大小和有没有底线要求，《普通高中体育与健康课程标准（2017 年版）》中提出的练习密度不低于 50% 应该作为一个底线要求，这一方面说明体育课上练习密度不能过低，另一方面也对每一节体育课都提出了底线标准。如果我们把50% 的练习密度换算成时间的表达的话，也就意味着要求每节课上每个学生最好能够保障一半以上的时间用于各项练习（包括教学比赛）。这就要求体育教师做到合理安排体育课上的各项活动。当然，假如某节课的练习密度低于 50%，但并没有时间上的浪费现象，也达到了预期的学习目标，也应该算是合理的。所以有关运动强度和练习密度的考量，要更加客观地认识到科学设置的必要性。关于"学、练、赛"活动，学、练、赛在一定程度上来讲是体育课的主要学习活动方式，其具体要求实际上是对应着《指导纲要》所提出的"教会、勤练、常赛"的，也即教师教的环节对应着学生的学，教师要教会学生，学生自然是要学会的，所以这里的"学"不仅意味着是一种方式，还强调效果，这样的"学"才有意义并凸显其价值。而对于"练"而言，《指导纲要》提出的是组织好"勤练"，课堂上如何把握呢？不仅仅要考虑"练"的形式，还要充分考虑"练"得要多，"练"得要好，是要达到一定效果的"练"。就"赛"而言，表面上看代表着一种形式，但《指导纲要》提出要做到"常赛"，除了课外与校外经常组织比赛，课堂上也要安排一定的教学比赛，因为学生通过参与"赛"的活动，客观上是能够进一步巩固所学内容的，还能在比赛中培养团结协助、拼搏进取等优良品格，"增强体质"也自然随着"赛"的活动的合理安排，在一定程度上获得促进。关于"课课练"活动，《指导纲要》中提出的"课课练"不完全等同于以往大家所理解的体育课基本部分所安排的体能素质"课课练"，而是"基本运动技能'课课练'活动"，"课课练"的内容是指"基本运动技能"，而"基本运动技能"是两办《意见》中要求要教会学生的内容，因此课堂上就要注重对其进行合理安排，不仅要强调"课课练"，还要有衔接性的基本运动技能的学习要求。与此同时，在基本运动技能得到合理学习与锻炼的过程中，某些方面的体能素质如速度、耐力、力量等也能得到一定的提升。因此，《指导纲要》中提出的"课课练"与过去有所不同，其目的性也不完全一致，需要厘清内涵，合理把握。尤其要进一步理解和把握：基本运动技能的"课课练"其实就是用基本动作去完成体能素质的提高，使得体能素质与基本运动技能融为一体，实用性更强。

　　《指导纲要》还提出："要通过高质量组织课堂教学，课内外相关联开展大课间、课外体育活动、校外体育锻炼等，有效增强学生体质。"这里有几个关键需要把握："高质量""相关联""有效"。打造高质量体育课堂需要合理组织"教会、勤练、常赛"，而且高质量体育课堂效果也离不开课内外一体化活动有关联性地开展。也就是说，大课间、课外体育活动和校外体育锻炼等最好能够与课堂上所学的内容相关联，课上有"学、练、赛"，课外乃至校外更要强调练与赛活动的组织，从而使得所学内容不断得到强化。这既体现出第二课堂是第一课堂的延伸，又让学生所学通过第二课堂得到了巩固和提高，对学生体质的增强也就能带来更明显的效果。这也是体育课程一体化所倡导的。

3. 关于"健全人格"目标

对"健全人格"的理解，不同的人不会有太多的偏差，但要做到更加全面和具体的理解，需要做相对系统的分析。

为更好地实现"健全人格"目标，《指导纲要》提出："通过在体育教学过程中渗透社会主义核心价值观教育，培养学生的爱国情怀、社会责任感和良好的个人品质。"这是"立德树人"在体育学科中提出的明确要求，也是学科育人必须要遵循和践行的。党的十八大以来，中央高度重视培育和践行社会主义核心价值观。习近平总书记多次作出重要论述，提出明确要求。2017 年 10 月 18 日，习近平总书记在党的十九大报告中指出，要培育和践行社会主义核心价值观。要以培养担当民族复兴大任的时代新人为着眼点，强化教育引导、实践养成、制度保障，发挥社会主义核心价值观对国民教育、精神文明创建、精神文化产品创作生产传播的引领作用，把社会主义核心价值观融入社会发展各方面，转化为人们的情感认同和行为习惯。《指导纲要》中之所以强调要渗透社会主义核心价值观教育，是因为这不仅是认真贯彻落实十九大报告精神的要求，也是培养学生具有爱国情怀、社会责任感和良好个人品质的关键。

《指导纲要》还提出："全面把握体育的'育体、育智、育心'综合育人的价值，通过全员参与的体育竞赛活动，培养学生的集体荣誉感，塑造活泼开朗、与人为善、团结协助、遵守规则等良好品格，促进学生身心健康与人格健全。"这里有几个关键需要进一步理解和把握。一是育人价值方面，强调了"育体、育智、育心"的综合育人价值，体育学科在育人方面不局限于"育体"，不可忽略其"育智、育心"价值的发挥。运动能改造大脑，运动能调控心理，教学中要能够充分把握体育综合育人的价值，提升体育教育教学质量，更好地促进学生的全面发展。二是育人手段的优化，《指导纲要》提出了"全员参与"和"体育竞赛活动"，不仅强调面向全体学生，而且要通过"体育竞赛活动"达到"健全人格"的育人目标。体育教育面向人人，也是教育促进全体学生全面发展的具体要求，以确保在"健全人格"培养方面能够让每个学生都得到全面发展。

4. 关于"锤炼意志"目标

对"锤炼意志"的理解，或许有人会认为"锤炼意志"是否已经包含在了"健全人格"之中，其实不然。二者虽然有联系，但也有本质的不同。如果说"健全人格"更倾向于对社会、对国家、对他人等对外的品质提升的话，"锤炼意志"则重点集中在内在的或自我的意志品质的强化。

具体而言，首先，《指导纲要》提出："通过体育课、体育训练和体育竞赛活动培养学生不畏困难、不怕吃苦、不惧失败的意志品质。"一方面体现出培养途径是通过体育课、体育训练和体育竞赛活动，另一方面强调了需要培养不畏困难、不怕吃苦、不惧失败的意志品质。这说明，无论是在体育课上还是在训练与竞赛中，都要注重对学生意志品质的培养，而且要有具体化设计和有针对性地实施，不能仅仅明确要求，但做起来时又忽视。

其次，《指导纲要》在具体操作方面，提出了"精心设计有一定强度、一定难度的运动技能学习，培养学生吃苦耐劳、坚持不懈等优良品质"的明确要求，其中，"有一定强度、一定难度的运动技能学习"的提出，是要求学生在学习的时候要通过努力、克服困难完成，强度过小、难度不高的运动技能学习，不仅学生兴趣不高，技能掌握不够，而且难以发挥意志品质锤炼的作用。

　　最后，《指导纲要》还在比赛方面提出了"要通过组织教学比赛和竞技比赛，不断培养学生顽强拼搏、积极进取、勇敢坚毅等坚强意志"。由此可以看出，无论是在课堂教学中组织比赛活动，还是在课外或校外组织和参与竞技比赛，都可以培养学生顽强拼搏、积极进取、勇敢坚毅等坚强意志。但关键的问题在于如何组织教学比赛和竞技比赛。教师除了加强对"常赛"的认识，还需要提高创新设计、有效开展比赛的能力，有意识地在各类比赛活动中锤炼学生的坚强意志。

第二节　《指导纲要》的主要任务与解析

　　《指导纲要》的核心内容是主要任务，它包含以下几个方面：更新教学观念、优化教学内容、创新教学过程、完善教学评价。每个方面的内容环环相扣，系统连贯。

一、系统把握"以学定教"观念："更新教学观念"解析

　　改变单一学习知识或某项技术的现状，从综合育人、培养体育核心素养的高度和体育课程一体化的思路，强化"教会、勤练、常赛"过程与结果，有效促进体育教学改革目标的达成。注重学科融合与课程思政，在中华优秀体育文化传承的同时，鼓励适当在体育教学中开展情境式跨学科主题教育教学活动，促进综合育人目标的实现。将"以教定学"观念转向"以学定教"，充分把握学情，注重个体差异，合理把握教师的主导作用和学生主体作用的有效发挥，促进每一个学生的健康发展。

《指导纲要》在"更新教学观念"方面明确提出了需要更新什么观念，并指出了如何更新观念。

1. 需要明确思路

《指导纲要》提出："改变单一学习知识或某项技术的现状，从综合育人、培养体育核心素养的高度和体育课程一体化的思路，强化'教会、勤练、常赛'过程与结果，有效促进体育教学改革目标的达成。"从提出的这些要求中我们不难看出有几个树立新观念的关键词，即综合育人、体育核心素养、体育课程一体化。

之所以强调"综合育人"，而不是单一让学生学习知识或某项技术，主要是因为育人是终极目标，而学习知识与某项技术只是育人的手段和过程。如果没有对综合育人的高度认识和认同，即便是传授了知识与技术，也仍不能发挥课程的育人价值。因此，当任何一位教师在原有传授知识与技术的基础上，认识上有所突破，能够站在综合育人的高度来看知识与技术等内容的传授时，方式方法、目标定位都有可能发生根本性的变化。比如，教学中会先想到学生的发展需求，将观念转向用教材教，用教材中合理的方式育人。其学业质量评价也会从育人效果上来考虑，而不仅仅是只看学会了哪些知识与技术等。

之所以提出"体育核心素养"这一有关观念转变的概念，是因为过去除了《普通高中体育与健康课程标准（2017 年版）》提出过体育学科核心素养外，《义务教育体育与健康课程标准（2011 年版）》还没有提出，而两办《意见》中明确提出了要求："学校体育课程注重大中小幼相衔接，聚焦提升学生核心素养。"《指导纲要》在指导思想中就明确提出"促进中小学生运动能力、健康行为、体育品德等核心素养的形成"，所以结合体育核心素养三大要素，未来的体育教学要能围绕这些进行观念上的转变，打破知识本位，倡导素养本位，这与综合育人是一致的。

之所以提出"体育课程一体化"思路，也是因为需要转变观念，所谓"一体化"就是增强系统化、科学化，更加富有逻辑性和衔接性。近三年的研究对体育课程一体化的定位是"纵向衔接、横向一致、内在统一、形式联合"。"纵向衔接"，意思是体育课程内容在学段之间具有衔接性，尽可能避免出现违背运动技能形成规律的低级重复现象。"横向一致"，意思是相同学段甚至相同年级学生基本运动能力要求相对一致。专项运动能力等级要求定级不定项，即不同区域相同学段运动能力等级保持相对一致性，但项目选择可以不同，避免出现违背学生发展规律的早期专项化或低龄化现象。"内在统一"，意思是体育课程目标要体现"知识""能力""行为""健康"这些明确的指向性。建构内在统一的体育课程目标体系，是进一步对"目标引领内容"进行的准确定位，是更具体的体育课程育人方向的确立。"形式联合"，意思是体育课程实施过程要做到学、练、赛形式上的联动，必修必学、必修选学等修学类型上的综合，以及课内外、校内外的联合，充分调动家庭、学校、社会的协同与配合，这样才有助于激发学生的运动兴趣，养成运动习惯，掌握终身锻炼技能。只有高度认识一体化的价值内涵，在体育课程实施过程中，注重一体化系统推进，改革的步伐才有望迈得更加稳健。

2. 需要注重融合与思政

《指导纲要》提出："注重学科融合与课程思政，在中华优秀体育文化传承的同时，鼓励适当在体育教学中开展情境式跨学科主题教育教学活动，促进综合育人目标的实现。"在该部分，有"学科融合""课程思政""情境式跨学科主题教育"等关键词，这与以往也有着明显的区别，显示出了独特的要求。

一是"学科融合"，这个概念并不令人陌生，体育学科作为一个实践性比较强的学科，其本身的教育教学过程中就体现着多学科融合，诸如生物化学、生物力学、生理学、心理学、美学等都在体育学科中有不同程度的渗透，只是以前未能强调注重学科融合。以前的融合是一种学科交叉互融的自然现象，也是体育学科需要多学科支撑的特征表现。注重学科融合，就意味着要从无意到有意，从自然互融到人为规划。需要融哪些学科，何时融、如何融等，都需要系统规划。

二是"课程思政"，在没有谈"课程思政"的时候，实际上体育课堂教学中也渗透类似"课程思政"的内容，只是没有明确提出"课程思政"这一概念。例如，教师在课堂上引导学生树立正确的世界观、人生观和价值观，激发学生的爱国情怀、社会责任感等。当提出要注重"课程思政"的时候，意味着学生的德育要更加系统化、常态化，在课堂教学中无论是教师的言谈举止等教学行为，还是教学内容的选择与呈现，都要注重正向引导作用，即便是课堂教学的导入或穿插到课堂教学中的各种案例，都要充分发挥激励和引导作用。如果说任课教师过去并没有认识到"课程思政"的必要性，那么新时代体育教学改革就要将其作为重要的教育引导因素贯穿于整个教学活动之中，不可有丝毫疏忽。

三是"情境式跨学科主题教育"，这是新时代教育对中小学每个学科提出的新要求。对于体育学科而言，这一新要求也被写进《指导纲要》。之所以强调"情境式跨学科主题教育"，是因为这是"学科融合"的具体操作方式。跨学科实际上是要体现出学科融合，而如何融合，如何开展跨学科教育教学活动，"情境式"按"主题"进行教育教学就指出了明确的方向，这就需要把握好各种情境的设计。由于不同学段学生具有不同的发展规律与认知特点，所以情境的设计要与学段特点相匹配，高学段不能低龄化，注重适切性、多样性的合理体现。所谓"主题教育"，就是将跨学科教育活动按一个一个的"主题"来呈现，即有一个精准的主题名称，直观易懂，又体现出跨学科特点。尤其是课程改革要求每个学科都要设计10%的跨学科主题式教育活动，体育教师在贯彻落实体育教学改革的过程中，就更应该转变观念，提高跨学科设计能力和组织能力，更加全面地适应新时代对体育教师提出的新要求。

3. 需要突出"以学定教"

《指导纲要》提出："将'以教定学'观念转向'以学定教'，充分把握学情，注重个体差异，合理把握教师的主导作用和学生主体作用的有效发挥，促进每一个学生的健康发展。"从《指导纲要》所强调的将"以教定学"转向"以学定教"来看，关键在于明白为什么转以及如何转。

首先，要明白为什么转。假如仍然采用"以教定学"的观念，体育教学会是什么样子？和新时代的期待有何落差？回答这些问题，就要充分把握新时代体育教学与过去体育教学最大的不同表现在哪些方面。比较分析来看，过去的体育教学比较注重传授知识、技能和方法，所以"以教定学"的观念不太影响学生对知识、技能和方法的掌握。而在新时代，培养学生的目标发生了变化。新时代的体育教学是要培养学生的体育核心素养，是要有效组织"学、练、赛"，合理把握"教会、勤练、常赛"，有条件的学校小学高年级以上可以引入"体育选项走班制"教学组织形式等。可以说学生的学习既有高目标定位，又有新的组织方式要求，这体现了更加关注学生、新课程，并且转向为学生的发展做好服务，而不是强制性地让学生被动地去学习课程，因此还囿于过去的"以教定学"观念，是难以适应新时代提出的新要求的。新要求中需要教师对学情有充分而全面的认识，要满足学生学段兴趣爱好、运动需求等，因材施教，让每个学生都有不同程度的提高。这显然需要将观念转变过来，将学生放在首位，所有教学活动的安排都要基于学情，更好地服务于学生的发展。

其次，要把握如何转。要把握好将"以教定学"转向"以学定教"的步骤与结果，不可停留在认识层面，也不可走进形式化误区。这就需要处理好教师主导作用和学生主体作用的关系。一是教师主导和学生主体，角色不应改变，无论推行什么样的改革，主导与主体都是不能颠倒的。二是主导作用与主体作用的比例是可以调节的。随着改革的不断推进，要培养学生的自主学习能力、创造能力等，学生在课堂上的主体地位只会越来越强化，教师的教更应该充分引导与帮助学生的学，从学的目标设置，到学的内容确定，再到学的方法选择，最后到学的评价组织，都要依据学生的实际情况来具体实施。

二、教会必修必学和必修选学："优化教学内容"解析

积极消除体育课程教学长期存在的繁（项目繁多）、浅（蜻蜓点水）、偏（缺乏系统）、断（学段脱节）现象，组织开展逻辑清晰、系统连贯的结构化内容体系的教学。重点教会学生健康知识、基本运动技能和专项运动技能。其中，健康知识与基本运动技能作为体育课必修必学内容要在中小学广泛开展，专项运动技能作为必修选学内容，中小学校结合实际有选择地开展。

健康知识主要是中小学各学段应知应会的健康行为与生活方式、生长发育与青春期保健、心理健康、传染病预防与公共卫生事件应对、安全应急与避险等五个领域的内容，每个学段的健康教育教学工作，要基于本学段各年级应掌握的健康知识内容创新组织健康教育活动，为良好健康行为的形成和有效促进健康打下坚实的基础。

基本运动技能主要是中小学生在行走、奔跑、跳跃、投掷、滚翻、攀爬、钻越、支撑、悬垂、旋转等方面的动作发展内容，各学段基于学生动作发展和体能发展规律，各类动作在不同学段按照难度和锻炼方式进阶，形成各学段相对固定的基本运动技能锻炼内容，通过锻炼使学生在不同学段都具有相应的基本运动能力水平，有效呈现螺旋上升的基本运动技能教学特点，为日常生活和专项运动技能的学习奠定扎实的基础和提供重要的保障。

专项运动技能包括足球、篮球、排球、田径、游泳、体操、武术、冰雪运动等专项运动的单个和组合技能，各学校可以根据本校实际、师资力量、学生需求等，有选择地在教学中开展。各专项运动技能的教学，依据专项运动固有的难度和自身的特征，按结构化的方式将每个专项运动划分为多个模块和单元开展教学，学生对各模块和单元逐一进行递进式学习。专项运动的各模块和各单元之间要有进阶性，完成一个模块和单元的学习并经考核合格后，进入下一个模块和单元的学习，以此类推，呈现出更加富有逻辑性、衔接性的专项运动技能学习。

健康教育每学期4课时，按照各学段规定应学习的健康知识，参考健康教育教学指导，有效组织教学工作。体育课的时间中小学一节40（或45）分钟，每节课应该包括10分钟左右的基本运动技能、20分钟左右结构化运动技能学练及组织对抗性比赛和放松拉伸等。

在"优化教学内容"部分，《指导纲要》先是归纳了"体育课程教学长期存在的繁（项目繁多）、浅（蜻蜓点水）、偏（缺乏系统）、断（学段脱节）现象"，提出了要"组织开展逻辑清晰、系统连贯的结构化内容体系的教学"，意思就是让广大一线教师先了解"现象"，明确"要求"，进而对需要教会学生的内容进行概括，并提出哪些是必修必学的，哪些是必修选学的，便于更有针对性地组织学习。《指导纲要》还分别对健康知识、基本运动技能和专项运动技能的内容及其在课堂上的组织要求做了进一步阐述。总体而言，要做到优化教学内容，不但要消除不良现象，科学建构施教体系，而且还要明确教会的内容，合理安排修学。

1. 消除不良现象，科学建构施教体系

体育教学改革要做的一个方面是消除过去体育课堂教学中的不良现象。都有哪些不良现象呢？主要集中在"繁、浅、偏、断"等方面。过去大多

数学生学了很多项目却很少能够通过课堂教学牢固掌握其中一项，原因多半是学得蜻蜓点水，而且脱节、不系统。这种现象不消除，不组织开展逻辑清晰、系统连贯的内容学习，高质量体育课堂就无从谈起。具体而言，繁，即项目繁多，庞杂无序。学生学了很多项目，但多数都未能学会，因而要精简并聚焦需要学习的内容。浅，即蜻蜓点水，浅尝辄止。内容学习不深入、不持久，就难以全面掌握某项运动，更难以灵活运用，因而要多采用模块化单元式教学。偏，即缺乏系统，偏离目标。体育课堂教学效果在认识上存在片面化、极端化等现象，体育教育质量评价存在以偏概全等现象，因而要精准把握健康知识、基本运动技能必修必学内容、专项运动技能必修选学内容的全面、科学、合理的教学与评价。断，即学段脱节，断断续续。上下学段未能很好衔接的问题要彻底解决，要能让学生系统连贯地学。优化课程内容需要充分认识"繁、浅、偏、断"等问题及其根源，合理设计结构化内容体系，实现系统化培养。

深化改革需要建构结构化内容体系，使体育课堂教学更加逻辑清晰和系统连贯，教学效果将会更加明显。体育教学内容繁多且有着不同类别，按照以往的分类体系，除了必修必学的健康知识、基本运动技能的分学段按难度进阶式教学，相对逻辑清晰和系统连贯，而对于必修选学的内容，《普通高中体育与健康课程标准（2017年版）》将必修选学（运动技能系列）划分为球类运动、田径类运动、体操类运动、水上或冰雪类运动、武术与民族民间传统体育类运动、新兴体育类运动，即将发布的《义务教育体育与健康课程标准（2021年版）》拟将专项运动技能系列划分为球类运动、田径类运动、体操类运动、水上或冰雪类运动、中华传统体育类运动、新兴体育类运动。除了高中的"武术与民族民间传统体育类运动"的名称更名为"中华传统体育类运动"以外，其他五类名称完全一致。无论名称是否有变化，六大类内容对学生而言，需要弄清楚的是：有没有修学顺序？先学什么，后学什么？是否有项目之间的逻辑？同一类之间，各项目是否有先后顺序之分？同一个项目内容内部是否有先学什么后学什么之别？也就是说，从不同类、同一类不同项、同一项三个角度来看内容安排逻辑的时候，是否都应该有一个清晰的逻辑顺序？回答应该是肯定的。一方面，各运动项目的动作技能学习是有"窗口期"[①]的，即有比较适宜开始的年龄段，这个年龄段就有前有后，所以各专项运动的学习要首先考虑"窗口期"问题；另一方面，同一运动项目根据项目自身特点和学习难度规律，应该是可以按模块进阶的，从易到难或从简单到复杂是有规律可言的，尽管过去无论项目之间还是项目内部，其逻辑性、系统性未能在课程实施过程中充分体现出来，但其逻辑应该是固有存在着的，只是未能系统梳理。体育教学改革要顺利组织开展，其教学内容需要厘清逻辑关系，建构结构化体系。

2. 明确教会内容，合理安排修学布局

对于要教会学生的内容，主要把握好三大类：健康知识、基本运动技能和专项运动技能。这些内容分别如何设定，又怎样进一步实施呢？

首先，明确健康知识、基本运动技能和专项运动技能各自的特点与突出价值。

一是健康知识，《指导纲要》提出健康知识应包含学生应知应会的五个领域的内容，即"健康行为与生活方式、生长发育与青春期保健、心理健康、传染病预防与公共卫生事件应对、安全应急与避险"。（1）"健康行为与生活方式"中，健康行为是指人们为了增强体质和维持身心健康而进行的各种活动。如充足的睡眠、平衡的营养、合理的运动等。生活方式总体上是指人类生活的活动方式，可以从广义和狭义两个层面做进一步理解。从广义上讲，应包括人们的衣、食、住、行、劳动工作、休息娱乐、社会交往、待人接物等物质生活和精神生活方面的价值观、道德观、审美观，

---

① 所谓"窗口期"，就是动作技能最适宜开始学习的年龄段。

这些方式可以理解为在一定的历史时期与社会条件下，各个民族、阶级和社会群体的生活模式。从狭义上讲，是指个人或家庭日常生活的活动方式，包括衣、食、住、行以及闲暇时间的利用等。而平时的运动自然应包含在一个人正常的生活方式范畴内，或理应作为每个人的生活方式之一，尤其是在促进健康的诸多方式中更应引起高度重视。对中小学生进行健康行为和良好生活方式的教育和引导都更有利于促进其健康。（2）"生长发育与青春期保健"中，生长发育是指从受精卵到成人的成熟过程。生长是指身体各器官、系统的长大和形态变化，是量的改变；发育是指细胞、组织和器官的分化完善与功能上的成熟，是质的改变。两者密切相关，生长是发育的物质基础，而发育成熟状况又反映在生长的量的变化上。在生长发育过程中，青春期是一个特殊阶段，是人体生长发育的第二高峰期。青春期指以生殖器官发育成熟、第二性征发育为标志的初次有繁殖能力的时期，也是由儿童逐渐发育成为成年人的过渡时期，是人体迅速生长发育的关键时期，一般为10—20岁之间。女孩的青春期开始年龄和结束年龄都比男孩早2年左右，青春期的进入和结束年龄存在较大的个体差异，约可相差2—5岁。让青少年了解青春期生长发育特点，注重青春期卫生，以及青春期该如何参加体育锻炼等，都能不同程度促进其健康成长。（3）"心理健康"是一种正常心理状态。具体而言，是指心理的各个方面及活动过程处于一种良好或正常的状态。心理健康的理想状态是保持性格完好、智力正常、认知正确、情感适当、意志合理、态度积极、行为恰当、适应良好的状态。对青少年学生进行心理健康教育，是根据学生生理心理发展的规律，运用心理学的教育方法，培养学生良好的心理素质，促进学生整体素质全面提高的教育。心理健康教育是素质教育的重要组成部分，尤其是新时代更加倡导素质教育，心理健康教育的意义更加突出，因此它对患有一定心理疾患的学生是必不可少的教育内容与方式。（4）"传染病预防与公共卫生事件应对"中，传染病是指人与人或动物之间相互传播的一类疾病，它是由各种病原体引起的，经过各种途径传染给另一个人或物种的感染病。对中小学生进行传染病预防教育，尤其是对突如其来的新冠疫情的预防教育，是当前传染病预防的重点和难点。在这方面的强化不仅仅是对健康的促进，更是对生命的保全。公共卫生事件是指突然发生，造成或者可能造成社会公众健康严重损害的重大传染病疫情、群体性不明原因疾病、重大食物和职业中毒以及其他严重影响公众健康的事件。根据突发的公共卫生事件的性质、危害的程度、涉及的范围等，可将其划分为特别重大（Ⅰ级）、重大（Ⅱ级）、较大（Ⅲ级）和一般（Ⅳ级）四级，重大以上多危及生命安全，一般会带来一定的健康危害。因此，健康教育的内容应在这个方向有所设置，教育和引导中小学生正确认识与预防突发公共卫生事件的发生，当发生公共卫生事件后，还要懂得如何应对，了解应对常识，最大限度地保障生命安全。（5）"安全应急与避险"中，安全应急是指在安全事故发生前有合理全面的预案，安全事故发生时有及时处理措施，以保全生命。避险主要是指安全避险，以防震、防火、防交通事故、防拥挤踩踏、防溺水、防突发公共卫生事件为主要内容。这就需要在健康教育课程中，通过开展紧急状态下的避险、逃生、自救互救演练等，培养学生的自救互救能力。对于安全应急与避险的诸多与保全生命密切关联的内容，应当向中小学生进行系统性教育，其紧迫性越来越突出。如当地震发生时、洪水到来时、拥挤踩踏时，学生懂得与不懂得、能够与不能够应对与避险，直接关乎其生命是否能够安全以及会受到多大程度的威胁。

　　二是基本运动技能，主要是中小学生在行走、奔跑、跳跃、投掷、滚翻、攀爬、钻越、支撑、悬垂、旋转等方面的动作发展内容。这些内容实际上来自两大项运动——田径和体操。其中，行走、奔跑、跳跃、投掷属于田径类运动，滚翻、攀爬、钻越、支撑、悬垂、旋转等属于体操类运动。基本运动技能所包含的这些内容也都属于这两类运动的基本技能，不是专项化运动的技能。如行走，有多种方式的走，并不是专指竞走；奔跑也有多种方式，也不特指 100 米、200 米、400 米、800 米、1500 米、3000 米等长短距离的田径赛项目的奔跑。体操类的基本运动也是如此。如支撑，可以是多种方式的静态或动态的支撑，并不特指单杠、双杠、支撑跳跃（跳箱、跳马）等体操专项运动。也就是说，要理解和把握这些运动，就要从最基础的动作做起，这些基本运动技能的学习和掌握有利于满足正常的日常生活所需，有利于在特殊环境下保障生命安全。除此之外，基本运动技能还能为专项运动技能的学习打基础。

三是专项运动技能，包括足球、篮球、排球、田径、游泳、体操、武术、冰雪运动等专项运动的单个和组合技能。按传统的分类方式可以将其分为六大类：球类运动、田径类运动（田径专项运动）、体操类运动（体操专项运动）、水上或冰雪类运动、武术与民族民间传统体育类运动、新兴体育类运动。也可以按照学生的运动需求将运动技能在总体上划分为：生存需求类运动（如游泳）、生活需求类运动（如行走、奔跑等）、传承需求类运动（如武术等）、审美需求类运动（如健美操等）、竞争需求类运动（如篮球、足球等）、挑战需求类运动（如攀岩等）[①]。前者是传统的按运动项目特点分类的体系，后者是按项目价值需求分类的体系。不同角度的分类体系的建立，都是成立的，且都可以作为设置运动技能学习的选项依据。

其次，进行必修必学内容和必修选学内容的合理布局与有效实施。教会学生的健康知识、基本运动技能、专项运动技能，需要依据内容特点、学生身心发展规律、运动需求等更加合理地布局，从而进行有效的实施。

一是必修必学，被设定为必修必学的内容是面向全体学生的，是学生应当学的，而不是学生可学可不学的。《指导纲要》中明确提出"健康知识与基本运动技能作为体育课必修必学内容要在中小学广泛开展"。这就意味

---

① 于素梅. 运动需求理论建构：兼论学校体育活动项目分类 [J]. 体育学刊，2019（6）：1-7.

着在中小学课程内容体系中要将健康知识和基本运动技能这两项内容贯彻始终。不存在哪个学段想开不想开、学生想学不想学的问题。这部分内容就是带有规定性的内容，但这部分内容也是结合学生的生长发育、认知规律，充分考虑到内容自身的特点综合设置的。因此，上下学段以及上下年级之间所学的内容是呈递进关系的，不同学段所采取的教育教学方式也应随之变化。

二是必修选学，被设定为必修选学的内容主要是基于学生兴趣爱好、运动需求让学生有选择性学习的。《指导纲要》提出"专项运动技能作为必修选学内容，中小学校结合实际有选择地开展"。之所以称其为"必修"，是因为体育课是必修课，之所以又定为"选学"，主要是因为专项运动项目繁多，特点各异，不同学校的实际又差异明显，同时学生也会因为性别、年龄不同，兴趣爱好呈现规律性区分。所以学生必修的体育课，选学的专项运动，其选择方式和选择范围一定要适宜。如果说必修必学是规定性的话，那么必修选学就体现出了选择性特点。

三、"教会、勤练、常赛"合理把握："创新教学过程"解析

打破传统的体育课堂教学组织形式的局限性，积极探索与适当增加"体育选项走班制"教学组织形式。义务教育阶段，在原有按"行政班级授课制"完成必修必学内容学习的基础上，小学高年级可增加学生的自主选择性，选择自己喜爱的运动项目进行学习，有条件的学校可采用"体育选项走班制"组织教学。初中在"体育选项走班制"的基础上，可适当增加"体育俱乐部制"，丰富完善组织形式，提高学生的参与兴趣，加强必修选学内容的学习。高中以"体育选项走班制"为主，通过"体育俱乐部制"组织形式，满足学生的运动兴趣和专项化发展需求。形成一校多品、一生一长的体育教学改革实效。

全面把握"教会、勤练、常赛"一体化系统性教学思路与方式，实施更有效的教学，全面提高教学质量。其中，"教会"，要遵循体育教育规律，结合学生发展特点与水平，合理把握循序渐进、因材施教、分层教学，教会学生健康知识、基本运动技能与专项运动技能，教会的程度依据学段目标不同而确定，最终达到学生能够在日常生活或比赛场景中灵活自如地运用；"勤练"，把握运动技能形成规律，结合不同项目、不同班额、不同场地器材条件等合理把握练习密度和运动强度，提高学生的运动效果。结合不同学段学生特征，组织练习的方式应体现小学基础期趣味化、初中发展期多样化、高中提高期专项化等特点。课内外与校内外练习都要注重时间充足、形式新颖、准确有效、安全保障，注重在锻炼中享受乐趣、增强体质。"常赛"，面向全体学生，根据体育教学内容合理组织每堂课上的教学比赛，结合体育课堂教学组建班队，要周周打比赛，周六周日可组织全校体育比赛，以赛促练，掀起体育锻炼的浪潮，使学生享受竞赛乐趣、更加牢固地掌握专项运动技能，培养学生的体育与健康素养。在此基础上组建校队，参与区县、地市、省等多级联赛，同时，通过比赛发现具有运动天赋的学生，注重培养其发展体育特长，为竞技体育输送人才。

《指导纲要》提出的创新教学过程内容，实际上是教学组织形式的丰富和完善。一方面，提出增加"体育选项走班制"教学组织形式，也可借助"体育俱乐部制"进一步丰富；另一方面，强调了对"教会、勤练、常赛"的一体化把握。

1. 体育课堂教学组织形式的丰富和完善至关重要

《指导纲要》提出的创新教学过程的方式之一，是要增加新的课堂教学组织形式，诸如"体育选项走班制""体育俱乐部制"等。为什么要丰富和完善体育课堂教学组织形式？一是更好地促进"四位一体"目标的达成。

要真正地帮助学生在体育锻炼中"享受乐趣、增强体质、健全人格、锤炼意志"，就需要有配套的新的教学组织方式，单纯采用传统的"行政班级授课制"教学组织形式，很难达成"四位一体"目标。过去的"行政班级授课制"多数是一刀切、大统一的，无法充分考虑学生的兴趣爱好和运动需求，难以更全面和深入地关注到学生的个体差异，即使是关注到了他们之间的差异，教师也往往无能为力。因为从内容上难以满足学生的兴趣爱好，所以也就难以让学生在体育锻炼中享受到乐趣，增强体质也会受到一定的影响。同样的原因，健全人格、锤炼意志也难以见到明显的效果。而假如采取"体育选项走班制"教学组织形式，就能够让学生享受到乐趣，进而在增强体质、健全人格和锤炼意志方面也都会有一定程度的改善。因为"体育选项走班制"的一个最大特点就是因人而异、因材施教，避免了一刀切、大统一。二是有利于学校形成一校多品，学生达到一生一长。为了更好地让体育学科在德智体美劳五育融合的大教育体系中发挥独特的功能和价值，通过"体育选项走班制"或"体育俱乐部制"的实施，每所学校都能至少有一项特色，更理想的是形成多个特色品牌项目，这样才能更好地满足不同学生的兴趣爱好和运动需求。假如还只是按照"行政班级授课制"形式，学校体育品牌建设很难实现。而对于学生而言，尽管兴趣爱好不同，但都应该至少有一项运动特长，以满足终身体育运动所需。原有的"行政班级授课制"组织形式，每个学生在有限的课堂时间内，很难获得充足的练习，尤其是学习某专项运动的时候，练习时间达不到，再加上与自己所喜爱的项目并不怎么吻合，因而运动特长的形成会有一定难度。由此可见，体育课堂教学组织形式的丰富和完善尤为重要，且还要认真贯彻落实，并避免一切形式化现象。

2. "教会、勤练、常赛"的一体化呈现尤为关键

关于"教会、勤练、常赛"的一体化呈现，首先是要有一个系统概念。

这是一组不可或缺的对学生发展富有意义的概念，仅仅做到一个方面，对学生发展的促进难以达到全面而深入。三者尽管都能各自独立，但从学生的发展角度来看，只有它们共同作用，都达到要求，才能联合发挥更大的作用。教学改革中不可单独强调某一方面，顾此失彼的做法是不可取的。它们三者之间有递进关系，是逐级促进的，也是螺旋上升的。所以每个体育教育工作者在推进体育教学改革的时候，既需要系统认知它们分别是什么、为什么、怎么办，还需要充分把握三者之间的逻辑关系，把握关键，系统实施。在"教会"的基础上"勤练"，不仅是有正确的练的基础，而且有能够达到勤练的条件，因为学生会了；在"教会"的基础上，可以经常参加比赛了，因为教会的标准相当于达到了"学以致用"的水平。反过来，在教会的过程中，需要以勤练和常赛方式加速学生达到"学以致用"。这里的"教会"不是简单意义上的学懂了，而是除了学懂了，还得练熟了，并达到会用了。一方面"教会"需要学、练、赛各种方式，另一方面教会以后，学生能够"勤练"，从而锻炼身体，"常赛"，从而享受乐趣。

其次，"教会、勤练、常赛"要把握规律、尊重科学，避免一切过于主观的片面理解和不当组织。人的发展是呈规律性的，随年龄的增长，除了身体生长发育逐渐走向成熟，认知发展水平也随之提高，兴趣爱好与运动需求也会发生一定的变化。运动技能本身也是有规律可言的，基于内在难易度之分和递进关系，又有技能形成过程所呈现的规律性变化，所以"教会、勤练、常赛"一定不能盲目进行。如"教会"，不同学段不仅需要"教会"的目标有一定区别，而且"教会"的内容有所不同，组织"教会"的方式方法也要遵循规律科学规划。各学段教会内容的深度、广度和高度都有一定的差别，所以在确定学业质量标准的时候，要能够充分把握标准趋于一致的维度和明显不同的水平要求。必修必学的内容按学段有具体的内容与难度规定性，必修选学的内容按运动能力达到的等级也应该有"定级不定项"的半规定性，或者叫"规定＋选择"的相对统一性，即规定应达到的等级，项目可以任选。又如"勤练"，不仅课内课外有不同的规定性和具体要求，不同学段、不同项目、不同单元与课时，"勤练"也应呈现有规律性的变化。影响能否达到"勤练"的因素也是多元的，不同学段的"勤练"方式会有差异性，不同项目的"勤练"方式也有区分，在不同的单元和课时上的"勤练"也应有不同的要求。所以受制条件越多，"勤练"也越需要慎重考虑，走出一切形式化、片面化甚至极端化的认识误区，尊重科学，遵循规律，"勤练"才能发挥应有的作用。再如"常赛"，《指导纲要》中已明确提出每节课上要安排比赛，所以"常赛"是有要求的。那么，组织"常赛"也要按规律组织，形式化不可取，过早专业化也不科学。"常赛"能否落实得好，关键是对其"度"的把握。在组织开展"常赛"活动的时候，如何按规律科学组织？假如是在课堂上，一是要把握好"赛"什么。那么让学生"赛"的内容一定要清晰，包括为什么要让学生"赛"这些内容，怎么组织学生参"赛"，"赛"前"赛"后提出哪些参赛要求，要让学生明确参"赛"的目的是什么，提高什么，让学生清清楚楚地比，明明白白地赛，而不是仅仅开心一会儿。二是要把握好课堂上什么时候组织"赛"。教师要做到合理规划，否则，"赛"就有可能走向形式化，达不到"赛"的目的，也有可能浪费了教学时间。就课外组织的"赛"而言，也可以有面向人人都能参与的比赛，如现在越来越广泛推行的"全员运动会"，每个人都可以成为运动员，这就打破了过去少数人赛多数人看的传统比赛模式。关于课外的"赛"，可以发挥进一步激发兴趣、培养专长、发现后备人才等多种功能。如果没有"常赛"，这些功能都难以得到发挥。从学校的角度来看，可以周周组织比赛、月月开展比赛，也可以有季赛、期赛、年赛等不同内容、不同形式的比赛。越是赛得勤，参与的人数就会越多，学校体育特色品牌的建设就能通过"常赛"得到促进和发展。

四、"知识、能力、行为、健康"体现全面系统："完善教学评价"解析

丰富评价内容，倡导开展多元性评价，注重对学生语言表达（是否能说出）、动作表现（是否能做对）、能力体现（是否能会用）等的多方面检验，完善评价方式，提升评价效果。

打破以往只对运动技术、体质健康等某一方面的评价，要更加注重"知识、能力、行为、健康"综合评价指标体系的建立。为增加评价方式的便捷性、评价结果的精准性，鼓励引入人工智能等评价方式。

改进知识评价。主要是对体育知识、健康知识等的评价，建立知识测评题库，通过试卷纸笔测试、线上网络测试、随堂口头测试、组织开展活动测试等相结合的方式实施。小学侧重情境式测试，初中和高中可多采用主题式测试。

突出能力评价。主要包含基本运动能力评价和专项运动能力评价。基本运动能力评价按照各学段必修必学的基本运动技能确定评价内容；专项运动能力评价可依据专项运动技能学习结构化内容确定评价内容，特别要注重对学生运用知识的能力以及比赛能力的评价。

完善行为评价。注重对学生健康行为和良好品德的评价，鼓励利用大数据平台实施体育家庭作业制度，重点评价学生体育锻炼行为与习惯的养成，实现对日常锻炼情况的过程性评价；通过组织各项体育比赛，充分把握学生的品德，尤其要强化团结协助、勇于拼搏等优良品格的评价。

强化健康评价。对标《国家学生体质健康标准》，通过精准监测各学段学生对应的体质健康指标，评价中小学生的体质健康水平，及时向家长反馈，便于做好家校联合，共同促进学生的健康成长。

　　《指导纲要》在该部分主要突出的是评价应尽可能做到多元化，既要丰富评价组织形式，又要能够全方位、系统性实施评价。评价是体育课程教学实施过程中既重要、关键又最有难度的活动，它与内容设置、方式创新等都不在同一个难度水平上。体育教学改革要求完善教学评价，一方面说明以往的评价还未能达到最优化，另一方面说明完善教学评价是推进教学改革的一项重要的改革任务。如何全面理解和系统把握"完善教学评价"呢？

1. 全面了解"完善教学评价"的关键点

　　"完善教学评价"并非易事，需要全面了解《指导纲要》提出的明确要求。下面对几个关键点进行深度分析。

　　首先，注重把评价的对象放在学生的体育学习过程与结果上。丰富评价内容，倡导开展多元性评价，都是围绕学生这一主体来开展的。《指导纲要》提出："注重对学生语言表达（是否能说出）、动作表现（是否能做对）、能力体现（是否能会用）等的多方面检验，完善评价方式，提升评价效果。"不难看出，要评价的是学生的语言表达、学生的动作表现、学生的能力体现，而非其他。对学生体育学习过程与结果的评价，要反映出目标达成度如何，学习目标定的难度是否恰当、适宜等。《指导纲要》还提出："要更加注重'知识、能力、行为、健康'综合评价指标体系的建立。"这也明确说明是在围绕学生的知识、能力、行为与健康发展水平来评价。所以，"完善教学评价"说到底就是要完善对学生主体的评价，这也是最根本的评价，或者说是最富有意义的评价。这也说明，评价的目标定位要更准。

　　其次，注重评价体系的系统建构，而不是注重个别方面的评价。体育教学改革要促进学生的全面发展，就要同步进行系统评价，看各方面是否得到了相应的发展，或达到了何种发展水平。无论是平日的看学生是否能说出、是否能做对、是否能会用，还是学业质量的知识、能力、行为、健康的四要素综合评价，都是一个系统化的概念，而不是仅仅强调某一方面。以往把评价的重点仅仅放在体质健康水平方面是不全面的，而且体质健康影响因素也是多方面的，体质健康的强与弱并一定都是由体育锻炼单一因素决定的。以往还忽视对学生知识的测评，并没有意识到从知识方面进行评价的重要性。知识是基础，也是保障。对于健康促进而言，知行合一才能促进健康；对于体育学习而言，学习动作发展原理性知识，才能真正地学懂，在理解的基础上学练技能，不违背学理的学习才能达到最好的效果。因此，在评价方面要转变到全面系统评价的观念上来，这样才能与学习目标前后呼应，并与人才全面培养相匹配。

2.系统把握体育教学评价的实施策略

体育教学评价十分重要且有一定难度，如何具体实施需要引起高度的重视。这里包含两个方面的评价：一是课堂上如何实施评价，二是对学生一学期、一学年或一个学段的体育学习如何开展体育学业质量评价。此外，在评价手段上，除了人工评价，如何引入人工智能评价手段提升评价的客观性、便捷性和精准性，也是值得我们考虑的问题。

首先，就体育课堂评价而言，学生在课堂上的学习可以有诸多观测点，诸如是否开心快乐，是否有效参与运动，学会了什么，等等。如果从"教会、勤练、常赛"中的"教会"来评判，就是如何评判"会"与"不会"，那么用什么来判断呢?《指导纲要》提出了"注重对学生语言表达（是否能说出）、动作表现（是否能做对）、能力体现（是否能会用）等的多方面检验"。那么，该如何通过学生的语言表达、动作表现、能力体现来判断其"会"的程度呢? 首先是语言表达。体育课上不可忽视学生的语言表达，可以通过教师提问、引导学生描述、学生互相交流等方式检验学生能否用语言表达，即能否说出学的是什么、为什么。也就是说，要让学生能够学懂，并能通过语言陈述出来。为此，教师需要在这方面下功夫。这种语言表达的方式比较容易把握，课堂随机测验就能对所学内容初步掌握的情况做出判断，教师再根据学生的语言表达情况做适当的调整或优化，但要注重让学生能够说出，这也是检验学生认知程度最简便的方式。学生一旦能够说出所学的是什么以及为什么，就有利于促进后续的进一步学练。例如，当学生学了"跪跳起"以后，通过教师的讲解、示范和指导，学生能够回答出"跪跳起"的三个关键技术环节是"摆、压、提"，就能够在做练习的时候，把握关键技术环节，提高动作掌握的速度。其次是动作表现。学生在体育学习过程中的动作表现就是要看能否做对，这是检验学生是否能够按照技术动作的要领达到动作规格的标准，也是掌握运动技能和形成运动能力的基础。没有正确的动作，技能的掌握与能力的形成都没有最基本的前提。因此，在课堂评价的时候，一定要重视对学生动作表现的评判。具体的方法措施也有很多，诸如学生在练习的时候，教师做巡回指导，及时观察和判断学生的动作是否正确，根据动作表现情况进行判断与指导，确保学生朝正确的动作学练和掌握。教师也可以组织学生展示，以单人展示、小组展示或全班集体展示的方式，来判断学生的动作表现情况，有哪些学生做对了，有哪些学生还处于错误状态，有哪些学生动作不稳定，时对时错。不稳定的要强化练习，不对的要及时纠正。只有学生都做对了，教学活动才能继续推进。还可以通过随堂测试的方式，较为正式地测评学生的动作表现情况，便于教师把握教学进度，以及分组组织差异教学等。例如，学生在学习篮球传接球技术动作的时候，学生掌握可能会有快慢之分，但教师如果不关注学生的动作表现，就难以准确判断学生们都处于何种掌握水平。假如通过学生的展示教师了解到不同的传接球姿势有对有错、有好有差的话，教师就能做到心中有数，那么接下来的练习就能够更具针对性。最后是能力体现，检验的是学生是否会用。用什么来反映学生的运动能力水平呢？运动能力包含两大类，一类是基本运动能力，另一类是专项运动能力。无论哪类能力都需要在课堂上重视，但并非所有的能力都能够一学就形成，也就是说，不一定在一节课上就能够测出学生的运动能力强弱，但是朝向运动能力形成的教学组织和要求方向应是正确的。检验运动能力水平具体可以分不同阶段，初期的时候，要看课堂上有没有对学生了解和掌握运动能力方法的传授。这一环节少不得，少了这个环节，学生的运动能力形成也难以实现。例如，学生在学习体操技巧"前滚翻"的时候，不一定一节课上每个学生都掌握了"前滚翻"技术或技能，更难以在一节课上要求做到：在特殊情况下如摔倒的时候，学生能够用滚翻技术进行自我保护，但是我们能够通过一节课观察到教师是否引导学生会用。对于任课教师而言，要注重对学生会用的培养，提出将来要会用的要求，并及时指导学生懂得和掌握如何用。学生学习某项技术动作的时候，只要达到会用的水平了，基本上就能判断为学会了，对教师来说就是"教会"了。

其次，就体育学业质量评价而言，无论是学完一个学期、学年以后，还是整个学段学习结束以后，对学生的评价都要全面。《指导纲要》提出的"要更加注重'知识、能力、行为、健康'综合评价指标体系的建立"，实际上就是要求从知识、能力、行为、健康四个方面进行评价，更具体点也即学生应知应会的知识、学生要达到的运动能力水平、建立健康的行为和达到一定的健康水平。对这四个指标的评价方式，有的可以进行终结性评价，有的可以观察测评过程。具体而言，一是对知识的评价。知识可以通过纸笔测试或线上测评的方式了解掌握的程度，如可以事先分学段建立健康知识题库，测评的时候从题库中随机抽取组合成测试试卷进行测评。与以往相比，知识测评实际上是一种补充，但很多学校的体育教学都忽略了对学生的知识测评。中小学应该根据其学段特点不同有一定的区分。《指导纲要》提出了"小学侧重情境式测试，初中和高中可多采用主题式测试"。所谓情境式测试，就是将体育与健康知识设计成情境，可以有图画，更直观地反映测评内容，让小学生易懂易测。初中和高中的主题式测试，是将测试的内容设计为一个个主题，让学生通过分析主题内容做出判断和分析出原因等。无论是小学的情境式，还是中学的主题式，都更生活化，这样的测试方式还能够培养学生的观察、分析、判断以及解决问题的能力。二是对能力的评价。实际上是对必修必学的基本运动技能所形成的基本运动能力水平和对必修选学的专项运动技能所形成的专项运动能力水平的评价。对基本运动能力和专项运动能力的评价要有与之对应的评价标准，体育课程一体化研究目前已经初步研制了两类能力"25+1 项标准"，即篮球、足球等 25 个专项运动能力等级标准和 1 个基本运动能力等级标准，可供未来评价学生的运动能力时作为参照标准。值得进一步说明的是，评价学生的运动能力与运动技能和运动技术有本质的区别，如果是单纯评价学生的运动技术掌握情况，其标准就可参照动作规格，评价其做得对或错。如果是评价学生的运动技能，一方面看动作完成的质量，即做得好不好，另一方面还要测评其完成的数量，即做了多少。运动技能主要是测评熟练程度，尤其是能否达到自动化程度。对运动技能的评价，既可以是单个技能，也可以是组合技能。而评价学生的运动能力水平，是测评体能、技能、心智能力的综合体现，所以通过比赛等方式测评运动能力是比较适宜的。当然，随着运动能力等级的递增，单个运动技能、组合运动技能和比赛的比例可以有所不同，且比赛所占的权重可以随运动能力等级提升而增大。三是对行为的评价。对学生的行为进行评价，主要是指对健康行为的评价，那么如何评价健康行为才最适宜呢？由于健康行为是人们为了增强体质和维持身心健康而进行的各种活动。对学生健康行为的评价目前可以通过多个方面进行，如课堂练习行为、课外锻炼行为，当然也可以记录学生的睡眠与饮食情况等。但是可操作性相对比较强的是记录学生每日完成体育家庭作业的情况，即课外或校外的日常锻炼情况。因为教师的体育家庭作业有规定性，既有量的要求，也有质的强调，学生完成的情况如何，是否保质保量地完成了，可以通过记录体育家庭作业的过程与结果来体现。当然，有些学校可能比较注重记录学生每堂课上参与锻炼的行为，即平日的学习表现，这不是不可以作为一种评价方式，只是这种评价如果没有现代化设备记录的话，任课教师很难进行常态化记录。尽管将体育家庭作业完成情况作为评价健康行为的主要依据不能代表健康行为的全部，但是毕竟可以通过这一方面反映其锻炼情况，而且一旦养成锻炼习惯，就能有效促进健康。四是对健康的评价。健康是人们永恒不变的追求。从世界卫生组织给健康的定义中也不难看出，健康由身体、心理和社会适应三方面综合体现，对学生健康的评价理应从这三方面展开。但长期以来，学校教育主要是采用《国家学生体质健康标准》来测评学生的体质健康的。因此，这里的健康评价也主要是通过评价学生的体质健康来反映。当然，其评价的具体时间和评价项目可以有选择性，不一定都仅仅采用每年的体测结果。因为学期评价、学年评价甚至学段评价都有其必要性，除每年常规的体测外，还可以随时组织部分体测内容的测试，从而在不同的阶段随时了解学生的体质健康状况。但是各阶段的体质健康评价都必须保证体质测评数据的真实性。只有这样，才能真正起到对健康进行评价的作用。

最后，就评价手段而言，随着信息技术的迅猛发展，以及人工智能与教育的融合度越来越高，在体育学科方面智能化测评也已日渐增多。评价作为一个重要的环节，长期采用的人工测评方式确实发挥了重要作用，在检验和推动体育课程教学改革方面也起到了较大的促进作用，但为了更加客观精准并提高评价的实效性，就需要与时俱进，适度引入人工智能测评系统。当前，对学生运动时心率的测试、体测中体能的测评、中考中部分地区部分项目的考试，都或多或少地运用了人工智能测评。体育教学评价引入人工智能，采用智慧测评系统，必将成为未来发展的趋势。

"完善教学评价"任重而道远，教师要转变评价观念，高度重视评价的系统性，掌握评价方法，以评价促发展。

第三节 《指导纲要》的组织保障与解析

要贯彻落实好《指导纲要》，必须要有相应的组织保障，包括如何进行组织管理，如何做好课时保障、师资保障，如何完善场地器材建设等。这些看似不明显属于教改本身的内容，在一定程度上也对体育教学改革能否顺利推进起着关键性作用。

一、省、市、县、校层层齐抓共管："组织管理"解析

为深化体育教学改革，省级教育行政部门要做好本省中小学体育教学改革落实方案，完善体育教学工作的顶层规划，明确工作任务、人员配备、责任分工、条件保障、经费投入、推进实施等，督促中小学开展高质量体育教学工作。地市、区县教育主管部门和学校等层层建立学校体育组织领导机构，教育主管部门一把手、学校校长等牵头，主管学校体育的领导具体落实，形成扎实推进体育教学改革的组织领导管理机制。教育行政部门组织领导和专家，及时对体育教学工作实施督促和检查，便于及时总结经验，整改教学问题。鼓励各级教育主管部门组织开展基于推进体育教学改革的优秀课例展示与研讨，加强组织培训工作等，助推体育教师的教育教学能力提升，促进其专业发展，不断提高体育教学水平和过程管理水平，提升体育教学质量。

在组织管理方面，《指导纲要》对各级教育行政部门和学校等层面分别提出了明确要求，一是针对省级教育行政部门，二是针对地市、区县和学

校，三是针对教育行政部门领导与专家，四是针对各级教育行政部门等。深化体育教学改革，针对这些要求不仅要规划落实方案，而且要真抓落实工作。

1. 省级教育行政部门需要高度重视，做好方案与规划

《指导纲要》在对省级教育行政部门落实改革要求的时候提出，"省级教育行政部门要做好本省中小学体育教学改革落实方案，完善体育教学工作的顶层规划"。这里有两个关键词组，即做好落实方案、完善顶层规划。可以看出有两个着力点："方案"和"规划"。那么，为什么省级教育行政部门要做好这些工作呢？关键是能够使改革在地方引起高度重视。《指导纲要》提出的改革要求是面向全国的且是总体改革方向，到了各省就需要结合本省实际研制具体落实方案和完善顶层规划。这样，一方面显示出省级教育行政部门领导对体育教学改革的重视，另一方面反映出省级层面推进体育教学改革的力度。越重视的省份，改革步子迈得越大，体育教育教学质量提升的幅度也将呈正相关。所以，作为省级教育行政部门的领导，在教育部办公厅发布《指导纲要》后，就要切实行动起来，组织专业人士围绕《指导纲要》提出的"明确工作任务、人员配备、责任分工、条件保障、经费投入、推进实施等"做好顶层规划，将改革的具体内容体现在落实方案中。凡是省级教育行政部门重视且做好了具体落实方案的，就更有助于地市、区县、学校层层做好具体落实工作。"明确工作任务"就是要确定做好哪些方面的工作，任务方向越明确、任务内容越具体，越有利于落实。明确"人员配备"就是提出哪些人具体落实，只有配备了专门负责的人员，改革举措才能在后续的工作中落细、落实。明确"责任分工"就是配备了人员以后，分工要明确，避免出现形式化现象，不能只是提出哪些人参与其中，而不具体对任务进行分工。分工不明确，就会出现互相推卸责任的现象。对于"条件保障"，需要明确省级层面对落实《指导纲要》中的相关

政策提出的要求，需要提供哪些保障，支持哪些工作，诸如场地器材修缮是否要统一规划或提出支持措施，在"配齐配足各级教研员"方面是否出台新规定等。对于"经费投入"，任何一项改革的推行都需要经费的支持，扎实推进体育教学改革同样需要经费的投入，从省级层面如何规划经费应该科学合理地统筹考虑，经费到位程度也在一定程度上反映出对改革的重视程度。对于"推进实施"，就是要看方案与规划的落实情况，以及有必要对地方和学校的教学改革情况进行层层督导检查。只有推进实施工作做到位，方案与规划才能充分发挥其价值，体现其意义。至于如何研制落实方案和完善顶层规划，在后续的解读章节中会进一步细化。

2. 地市、区县与学校等需要齐抓共管，使教学改革落到实处

《指导纲要》对地市、区县与学校以及对教育行政部门领导和专家等，都提出了明确要求，体育教学改革也是需要齐抓共管的事情，仅靠任何一方都难以达到最理想的效果。

首先，对地市、区县教育行政部门和学校的要求十分明确，具体要求是："层层建立学校体育组织领导机构，教育主管部门一把手、学校校长等牵头，主管学校体育的领导具体落实，形成扎实推进体育教学改革的组织领导管理机制。"由此可以看出，一是要建立领导机构，二是要形成管理机制。"领导机构"是进一步落实省级教育行政部门研制的改革方案的非常有必要的领导机构，可以由一把手领导牵头，但一定需要具体主管人员负责，并有具体执行人员层层落实。缺少这样的"领导机构"，《指导纲要》就难以落到实处。管理机制是指管理系统的结构及其运行机理。就落实体育教学改革而言，建立了领导机构以后，一定要建立并形成一个有效的管理机制，也就是说，领导机构如何运行，谁来管，管什么，怎么管，等等，都需要达到机制化、系统性，而非随意的。

其次，对教育行政部门领导与专家也提出了明确要求："及时对体育教

学工作实施督促和检查，便于及时总结经验，整改教学问题。"由此可以看出，实施督促和检查工作是重点任务。对于"实施督促和检查"，督促和检查是两个同等重要又前后关联的工作，也是任何一项政策的落实都必须要做的工作。其主要目的是了解落实情况，评估落实效果，深化推进落实工作。各级教育行政部门和学校要做到层层抓督促检查，该项工作做得扎实与否，一定程度上对改革工作的推进速度会产生较大的影响。因为通过督促和检查不仅可以总结前期改革举措落实过程中取得的经验，还能够及时发现问题，分析原因，并为解决问题给出有效措施。这一环节的工作与整个改革推进工作关系密切。

最后，对各级教育行政部门在改革推进工作中提出了更为明确的落实任务："鼓励各级教育主管部门组织开展基于推进体育教学改革的优秀课例展示与研讨，加强组织培训工作等，助推体育教师的教育教学能力提升，促进其专业发展，不断提高体育教学水平和过程管理水平，提升体育教学质量。"这里可以进一步概括为"开展展示研讨、加强培训工作、助推能力提升、促进专业发展、提高教师水平、提升教学质量"。对于"开展展示研讨"，展示与研讨是在改革落实一段时间以后需要开展的工作。开展基于推进体育教学改革的优秀课例展示与研讨工作，明确了优秀课例的来源，提出了有关展示与研讨等方式的建议，这在一定程度上能够激励学校和一线教师把教学改革工作做好做强，也为他们的改革工作树立信心和希望。当然，展示与研讨都不能流于形式，要能通过展示推出典型课例，便于普及推广，要能通过研讨探究体育教学中需要解决的新老问题。对于"加强培训工作"，推进教学改革需要对改革的新理念、新举措等进行系统培训，培训工作做得是否扎实到位，不仅直接影响着教学改革的推进速度，还与新时代体育教师的专业素养的整体提升密切关联。在"配齐配强体育教师"的政策要求下，如何体现"配强"，需要多元促进，引进合格教师，强化职前职后培训，使其能够最大限度地满足新时代对体育教学改革提出的新要求，胜任新时代体育教育教学工作。《指导纲要》还明确提出了"每位教师每年要参与不低于1次的培训活动"。教师培训上至"国培"，中至"省培"，下至"区培、县培"，各级培训都需要精准开展，提高培训实效性。对于"助推能力提升"，体育教师的能力强弱直接关系到体育教学改革的推进速度和体育教育质量的提升程度。如何助推体育教师能力提升，新时代体育教师的能力如何定位，《指导纲要》要求教师要"深刻理解和实施'教会、勤练、常赛'的具体要求，更加合理有效地组织体育课堂教学"。实际上，新时代教师的能力提升需要与时俱进。教师能否在正确理解和认真把握"教会、勤练、常赛"的基础上，有效组织体育课堂教学，是衡量体育教师能力的重要方面。对于"促进专业发展"，体育教师专业是实践性比较强的专业，不仅要求教师有专项运动技能，而且还要求能够将这些技能传授给学生，有技能和传授技能的专业发展要求。在落实体育教学改革各项举措的时候，对体育教师的要求和评价都将根据新的专业发展要求而发生改变。对于"提高教师水平"，这里所说的水平是综合的，既包含体育教学水平，也包含过程管理水平。具备了一定的教学能力的教师，并掌握了一定的运动技能和传授运动技能的方式方法，就能够凸显出教师水平。而过程管理水平，一定程度上要求体现出合理组织、有效管理。所以，作为一名合格乃至优秀的体育教师，就不能仅会运动技能和传授运动技能的方式方法，还要提升管理水平，包括师生之间如何相处、场地器材如何使用，还包括学生与教材、学生与场地器材的关系如何把握，甚至遇到学生之间发生冲突时，教师应做好哪些应对和组织协调等。对于"提升教学质量"，提升质量是永恒的主题，改革的目的主要是要在原有基础上提升质量，而能否提升质量与诸多因素有关，强化组织管理工作，对体育教学质量提升起着关键性作用。同时，对提升教学质量的效果要有明确的督导检查，从而了解质量提升的幅度，并做出及时调整和进一步完善改革措施。

二、开齐开足，鼓励适当增加："课时保障"解析

为保障体育教学质量，促进学生全面发展，将开齐开足上好体育课落到实处，在基本保障小学 1—2 年级每周 4 节体育课，小学 3 年级以上至初中每周 3 节体育课，高中每周 2 节体育课的基础上，鼓励中小学各学段根据学校实际适当增加每周体育课时，义务教育阶段可每天 1 节体育课，高中阶段保障每周 3 节体育课以上。

《指导纲要》在课时保障上提出了明确要求，不仅如此，以往国家相关文件都有明确规定，这为落实《指导纲要》、深化体育教学改革、提升体育教学质量创造了条件。

1."课时保障"引起了国家的重视并明确了要求

关于课时的规定，最早在 2007 年《关于加强青少年体育增强青少年体质的意见》中就明确提出"小学 1—2 年级每周 4 课时，小学 3—6 年级和初中每周 3 课时，高中每周 2 课时"。而两办《意见》中也提出"义务教育阶段和高中阶段学校严格按照国家课程方案和课程标准开齐开足上好体育课。鼓励基础教育阶段学校每天开设 1 节体育课"。这也是首次在国家层面的文件中提出"增加课时"的规定。《指导纲要》提出了在开齐开足上好体育课的基础上，"义务教育阶段可每天 1 节体育课，高中阶段保障每周 3 节体育课以上"。这些规定和鼓励措施都说明，一方面体育课时要有充足的保障，另一方面国家在逐步重视学校体育工作。体育课是学校体育的重要组成部分，体育课开了多少，实际上了多少，上到了何种程度，等等，都至关重要。一方面国家重视并提出了明确要求，另一方面体育课是落实体育教学改革的主阵地，所以地方在落实改革举措的时候，要切实做到保障课

时不被挤占，有条件或创造条件逐步增加课时，从而更好地发挥体育教育教学的健康促进作用和育人价值。

2. 要及时消除难以保障课时的若干影响因素

在"课时保障"问题上，尽管从 2007 年都已经在《关于加强青少年体育增强青少年体质的意见》中明确提出"4—3—2"课时要求（所谓"4—3—2"，即小学 1—2 年级每周 4 节课；小学 3—6 年级、初中每周 3 节课；高中每周 2 节课），但调查发现，真正能开齐开足的学校占比不足一半。为何出现如此开不齐开不足的严重问题，了解其影响因素，对新时代贯彻落实《指导纲要》要求的"开齐开足上好体育课"，达到"课时保障"，具有重要的参考意义。

在诸多影响因素中，有几个因素需要引起高度的重视。一是"观念"因素。能否开齐开足，持有什么样的体育观念至关重要，有"重智轻体"观念的学校和领导，难以将体育课开齐开足，即便是开齐了，也不一定能上足，还会出现不同程度和各式各样的体育课被挤占现象。二是"措施"因素。能否开齐开足，还与具体采取什么措施有着必然的联系，学校强制执行课时计划的与开齐了不管不问任其落实的差别很大。有些学校领导尤为重视，不仅要求将体育课开齐，还通过督导检查确保体育课上足，不允许出现任何体育课被挤占现象，有了这样的规定和力度，学校其他学科的任课教师就会把要占课的目光从体育课上移除。除了监督检查，还有的采取了激励措施，鼓励体育教师上足并上好体育课，通过开展评比活动增强体育教师的责任感和质量意识。三是"意识"因素，即改革创新的意识。《指导纲要》中提出"鼓励中小学各学段根据学校实际适当增加每周体育课时"后，各地区、各学校的反应可能有所不同。有的可能会很快做出积极反应，探索增加课时的顶层规划，恰到好处地研制增加课时的有效方案，并将其付诸行动。这样的做法不仅高度重视了增加课时，而且还能具体落实课时的增加。

三、多措并举，配齐配强师资："师资保障"解析

强化师资队伍建设，配齐配足各级教研员，发挥重要的体育教学改革指导作用。按需引进体育师资，尤其是高校优秀体育毕业生和优秀退役运动员等要充实到体育教师和教练队伍中，积极吸纳社会力量，通过购买服务，引入社会体育机构有资质的专业教练，补充专项体育教学与训练所需的师资，保障学校体育教学与训练工作持续有序开展。注重对体育教师的师德培养，关心体育教师的身心健康，保障体育教学工作有质有量。体育教师教学工作强度和工作量要合理安排，有条件的学校，在教师人数充足的情况下，可适当缩小体育课教学班额，中小学体育教师每周基本教学工作量保障12课时，并将组织大课间、带队训练、指导比赛、体质监测等活动计入教师工作量。强化体育教师专业素养提升，系统规划对体育教师分层分类培训，每位教师每年要参与不低于1次的培训活动，通过强化培训，逐步提高全体体育教师的专业化水平和教育教学能力。通过培训准确把握改革方向，深刻理解和实施"教会、勤练、常赛"的具体要求，更加合理有效地组织体育课堂教学。关注农村体育教师的发展，通过送教下乡、城乡结对、连片教研等活动切实帮助农村体育教师成长。注重兼职体育教师的专业素养提升，通过加强基础性与专项化相结合的培训，不断提升兼职教师对体育课堂的驾驭能力，从而提高教学质量。加强教研平台的建设，强化体育教研活动，推动体育教师教科研能力的全面提升，更好地推进新时代体育教学改革。

体育教师是推动体育教学改革的最核心力量。师资保障到位，《指导纲要》给体育教师提出的新要求、新任务等才能落到实处，否则，就难以达

到理想的改革效果。

1. 各类师资队伍建设都不容忽视

《指导纲要》在"师资保障"方面提出了包括体育教研员、体育教师、体育教练、农村体育教师、兼职体育教师等群体的保障问题。从群体类型上来看，实际上是包含教研员、教师、教练三大类。落实《指导纲要》，深化体育教学改革，三者缺一不可。

一是教研员。教研员需要充分发挥指导和引领作用，教研员是否是专职，教研员的业务水平、教研员的配备等，都直接关系到能否把《指导纲要》中关于提升教学质量的工作落到实处。当前，大部分地区都配备了专职体育教研员，但是各地参差不齐，层次不一。有的省份从省级到地市级再到区县级都层层配足了专业教研员，而有些省份并未高度重视教研员工作，还认为其可有可无，或者认为体育教研员可多可少，部分地区配备的是非本专业的体育教研员。不懂体育的教研员何以发挥引领和指导体育教学改革的作用？有些地方尽管配足了教研员，但是部分省、市、区教研员都有不作为或不太作为现象，导致该地区的体育教学质量一贯落后。因此，《指导纲要》首先在"师资保障"方面提出了"配齐配足各级教研员"的明确要求。这意味着需要引起对教研员和教研员工作的高度认同和重视。

二是体育教师。《指导纲要》不但提出了体育教师的保障问题，而且还特别提到农村体育教师和兼职体育教师的保障问题。顾及农村体育教师和兼职体育教师的特殊群体现状和发展需求，《指导纲要》分别提出"关注农村体育教师的发展，通过送教下乡、城乡结对、连片教研等活动切实帮助农村体育教师成长"和"注重兼职体育教师的专业素养提升，通过加强基础性与专项化相结合的培训，不断提升兼职教师对体育课堂的驾驭能力，从而提高教学质量"。由此可以看出，除了配齐配强体育教师，还要注重补短板，并对特殊群体给予特别关注。农村体育教师数量之大、分布之广，不容忽视。关注农村体育教师的发展，通过有效措施如送教下乡、城乡结对、连片教研等带动农村体育教师快速成长具有重要意义。部分地区兼职体育教师人数也占有较高比例，对于其他学科兼任体育课的老师，其体育专业接触较晚，体育教育教学能力相对较弱，需要特殊关注。强化兼职体育教师的基础性与专项化相结合的培训最不容忽视，有时还需要进一步加强。

三是体育教练。在学校体育工作中，教练与体育教师的工作性质略有不同。体育教练主要是负责课余训练与运动竞赛工作，而体育教师主要负责教育教学工作。然而，由于过去学校体育师资力量不足，大多数体育教师肩负起了体育教练的工作任务，即除了上课就是带队训练和组织或参与比赛。体育教师无论是精力方面，还是指导的专业化程度，都不一定比体育教练更有优势。因此，深化体育教学改革，《指导纲要》特别提出了对体育教师、体育教练的引进和培训。

2. 畅通渠道多管齐下尤为重要

关于"师资保障"，《指导纲要》从按需引进、积极吸纳方面指明了体育教师的来源渠道；从师德培养、素养提升、精准培训方面提出了体育教师的成长渠道；从课时规定、平台建设、强化教研等方面强调了体育教师发展的其他促进因素。

首先，在教师来源渠道上，《指导纲要》提出按需引进和积极吸纳两个主要渠道。关于"按需引进"，提出"高校优秀体育毕业生和优秀退役运动员等要充实到体育教师和教练队伍中"，这就要求高校体育教育专业要培养优秀的毕业生。也就是说，要从源头提高体育教师培养质量，且按中小学校体育发展需要引进补充到体育教师队伍中来。根据新时代发展需要，高校体育教育专业的人才培养计划要做出相应的调整。还需要将有些优秀的退役运动员补充到教练队伍之中，这样学校课余训练和竞赛活动的开展就会更加专业化，而且还能在很大程度上弥补教练队伍之不足。国家近些年对学校教练员设岗也有了明确规定，如两办《意见》中强调"在大中小学校设立专（兼）职教练员岗位。建立聘用优秀退役运动员为体育教师或教练员制度"。又如，在《关于深化体教融合 促进青少年健康发展的意见》中提出"制定优秀退役运动员进校园担任体育教师和教练员制度，制定体校等体育系统教师、教练员到中小学校任教制度和中小学校文化课教师到体校任教制度"。随着改革的不断推进，专兼职教练员队伍也会越来越强大，也更有利于"常赛"系列活动的组织开展和质量提升。关于"积极吸纳"，《指导纲要》提出了"通过购买服务，引入社会体育机构有资质的专业教练，补充专项体育教学与训练所需的师资，保障学校体育教学与训练工作持续有序开展"。这不仅能够补充数量，而且能够大大提高专业化水平。这也从另一个角度说明开放办学，逐渐允许社会力量注入学校体育工作之中，是真正实现学校与社会联合，促进学校体育发展和学生健康成长的重要补充。

其次，在教师成长渠道上，要求注重师德培养、素养提升，做好分层分类的精准培训工作。关于"师德培养"，体育教师的师德是能否当一名好教师的先决条件和必备要素。党的教育方针提出把立德树人作为教育的根本任务，要教育培养好学生，教师必须先立德。体育教师自身的发展也是如此，需要把"师德"放在首位。与此同时，要想做好课程思想政治工作，也更需要师德高尚的体育教师队伍。关于"素养提升"，提升体育教师的专业素养一向是打造高质量体育课堂要关注的重点，但专业素养标准急需建立。"精准培训"就是要分层分类进行培训。由于体育教师的专兼职类型不同，教师的教育教学能力水平又存在差异，因此分层分类培训必将是未来促进体育教师发展的重要培训方式。这样的培训工作使每位体育教师都能够在原有基础上得到发展和提高，驾驭课堂和提升教学质量的能力也能得到综合提升。

最后，体育教师的发展还与其他因素有关，诸如体育教师的每周教学工作量安排，是否有提供丰富资源的平台，体育教研工作是否受到重视等。关于"课时规定"，《指导纲要》首次提出了"中小学体育教师每周基本教学工作量保障 12 课时，并将组织大课间、带队训练、指导比赛、体质监测等活动计入教师工作量"。这不仅体现出了对体育教师的关心、对质量的保障，更是从政策层面有了新突破，从此告别了体育教师工作量核算不清的历史阶段。中小学一致保障 12 课时的量的提出，一方面说明中小学体育教师的地位是平等的，无须区分哪个学段的教师应该上课更多或更少，另一方面还要客观地对待学校实际，在学校师资力量暂时不足的情况下，体育教师除了完成基本教学工作量 12 课时，还要能够主动担当，使得学校体育工作尤其是课堂教学能够稳步开展，不能单纯依循 12 课时的规定就仅完成 12 课时。但是，对于学校而言，体育教师多完成课时，将来应该有一个更加明确的激励措施。关于"将组织大课间、带队训练、指导比赛、体质监测等活动计入教师工作量"，可以从两个方面理解：一是所有这些方面的工作都算作体育教师的工作量（但不是教学工作量）；二是除了国家规定的每天一个大课间、没有体育课的当天安排 1 小时的课外体育锻炼等体育教师日常应该完成的工作之外，其他方面的工作，如每天两个大课间，其中一个大课间组织活动应作为超工作量计算，有体育课的当天组织课外体育锻炼的作为超工作量计算，其他课余时间带队训练、指导比赛等都应作为超工作量计算。除此之外，体质监测如果占用课堂时间，应与课时一起核算，如果是在课外时间，应按课外活动的规定一起核算。"平台建设"和"强化教研"都是围绕更快地推动体育教师教科研能力的全面提升，更好地推进新时代体育教学改革而提出的具体措施。教研平台的搭建，需要有组织地开展活动，需要创设优质资源供教师们学习和交流，需要通过相关教研活动调动教师们的积极性。通过教研，教师们的理论水平得到提升的同时，实践经验也能得到不断丰富，所以要强化教研。

四、优先配备一校多品选项所需："场地器材"解析

优先发展学校所开设的"一校多品"运动项目的场地器材，满足选项教学需求。在基本保障正常体育教学工作需要的基础上，鼓励有条件的学校修建体育场馆或风雨场地，确保风雨雪霾天气能够正常开展体育教学工作和课外体育锻炼。配备符合学生年龄特点、发展水平和质量标准的体育器材。确保场地器材有效安全地使用和促进健康，坚决杜绝一切危害师生健康的场地器材在体育教学中使用。积极开发社会体育资源，鼓励社会体育场馆免费或低消费向学校开放，适当解决学校体育场地不足的问题，确保体育教学质量稳步提升。

在体育教学改革的组织保障体系中，场地器材是基本保障，也是重要保障。《指导纲要》在场地器材方面提出了优先发展的、修建风雨场地的、配备适宜的、杜绝有害的、鼓励开放的等相关要求。

1. 从发展的角度看"场地器材"的相关保障

从学校体育发展的角度，新时代学校体育工作对场地器材的要求越来越高、越来越具体。《指导纲要》首先提出了"优先发展学校所开设的'一校多品'运动项目的场地器材，满足选项教学需求"。体育教学改革要引入"体育选项走班制"教学组织形式，为了能够更好地满足选项需要，场地器材的建设与发展未来要更具有针对性，充分考虑学生喜爱的项目以及教师能教的项目。其次，结合当前实际，目前风雨场地是场地器材的短板，遇到不便于在室外上体育课的时候，很多学校都自然停下了室外课，有的让学生上自习，有的让其他学科使用，而有些负责任的体育教师会在室内组织学生上健康教育课等。所以从发展的角度建设场地器材时，修建"风

雨场地"是需要重点考虑的。最后，是"配备适宜的"。由于学生的年龄不同，身高、体重、兴趣、爱好、认知特点等都呈规律性变化，所以《指导纲要》提出了"配备符合学生年龄特点、发展水平和质量标准的体育器材"。要改变以往器材不达标的现象，如小学学校的篮球场上安装的是成人标准篮球架，由于不匹配，小学生很难积极地参与篮球运动等。各项目都应该有不同年龄段的配备标准。场地器材适宜性提高，学生的参与度提升，参与学习的效果就会因此发生改变。

2. 从安全的角度看"场地器材"的相关保障

除了要在种类上、量化规格上尽可能地达到所需标准，体育场地器材也要确保安全。就"杜绝有害的"而言，《指导纲要》明确提出"坚决杜绝一切危害师生健康的场地器材在体育教学中使用"。这是对质量的底线要求，无论场地器材质量标准如何，最起码不能对教师和学生的健康带来任何危害。否则，在这样的场地器材条件下进行体育锻炼，就失去了运动促进健康的意义，因此，要确保场地器材的安全。就"鼓励开放的"而言，不只是在强调"鼓励社会体育场馆免费或低消费向学校开放，适当解决学校体育场地不足的问题，确保体育教学质量稳步提升"，也隐含着安全问题。本来对于学生在学校锻炼过程中的一些安全事故，处理起来就比较复杂，假如在社会场馆中出现损伤或其他意外伤害，那么处理起来就更麻烦。比如，学校是否承担责任，承担多大责任？在鼓励开放的同时，要考虑到如何确保社会场馆安全性的问题，比如是否有有毒物质，谁来监管等。所以，提出"积极开发社会体育资源"，还需要慎重考虑安全防范措施及安全事故的处理问题。

第四节　《指导纲要》的督导评价与解析

无论国家下发何种文件，文件落实情况如何，都少不了督导评价工作的扎实推进。《指导纲要》提出从四个方面层层督导，包括加强对教育行政部门的督导评估、强化学校落实学校体育教学改革的主体责任、注重教师实施体育教学改革的过程与结果、强调学生达成体育教学改革的目标与效果等。

一、文件方案支持成效："加强对教育行政部门的督导评估"解析

将对地方教育行政部门执行体育教学改革的情况进行督导评估，包括落实体育教学改革指导性文件的下发，落实体育教学改革具体方案的研制，督导和检查机制的建立，具体落实对学校体育工作的支持力度和达到的体育教学改革成效等纳入对教育行政部门的督导评估。

督导评估工作需要分层做，对地方教育行政部门执行情况的督导评估工作需要从国家层面和省级层面来做。对教育行政部门的督导评估包括：是否下发有指导性文件，是否研制了落实方案，是否建立了督导检查机制，对学校体育工作的支持以及改革成效。可以用文件、方案、机制、支持、成效五个方面来简练概括综合督导工作。其中，国家层面的督导评估内容更加上位和宏观，重点是督导检查省教育行政部门对贯彻落实《指导纲要》的执行范围和成效，是不是在五个方面都有体现，缺少任何一个方面都会对督导评估结果带来一定的负面影响。如果各方面都作为督导评估指标的话，各指标权

重可能占比不同，但任何一方面都不容忽视。省教育行政部门对地市、区县和学校的督导评估，要督导的内容更为具体，在贯彻落实省教育行政部门下发的指导文件和具体方案的基础上，既需要地市与区县转发文件，又需要其具体指导学校落实方案，可谓是层层落实。就地市、区县教育行政部门而言，机制建立情况、对学校的支持力度、改革成效是否显著等也都需要列入督导评估范围。两级督导不同的是宏观到中观再到微观要求的逐渐细化，相同之处是都应该有第三方机构的专家参与督导评估工作，因为这样不仅更加客观、科学，还能够在撰写督导报告、分析评估结果的时候，更加权威和专业。但整个督导评估过程要注意发挥激励和促进改革进一步深化的作用，避免出现走马观花的形式化现象，更要避免一切虚假应付督导评估工作的现象。例如，关于落实《指导纲要》的指导性文件，是否将很具体的政策要求写进文件之中，如配齐配足各级教研员、配齐配强体育教师等，在具体方案里是否有配备教研员和体育教师的具体措施等。

二、管理课时，保障师资："强化学校落实学校体育教学改革的主体责任"解析

将学校体育教学改革组织领导机构的建立，体育课在开足开齐上好等方面的改进与落实情况，配齐配强体育教师方面的突破性进展，体育经费的保障情况，场地器材的建设与改善情况，体育教师的培训情况，体育教师教学工作量的落实情况等纳入学校落实体育教学改革主体责任的主要内容。

督导评估工作具体到对学校督查的时候，有几项具体的督导内容，诸如组织管理机构是否建立。就学校落实《指导纲要》而言，更需要建立组织管理机构。

　　一是《指导纲要》在组织保障部分也强调，学校校长牵头，主管领导负责等，学校要根据体育教学改革需要组建一个管理机构，督导人员将对该机构的建立情况做出督导评估。

　　二是有关体育课的开设情况与质量保障情况，这是督导评估的重点。由于《指导纲要》明确提出了"鼓励中小学各学段根据学校实际适当增加每周体育课时，义务教育阶段可每天 1 节体育课，高中阶段保障每周 3 节体育课以上"，所以在督导评估标准的设置上，除了底线标准"4—3—2"，还要注意对已经按照《指导纲要》增加了课时的，应设置适当的加分项。这样就更有利于激励学校结合实际并创造条件增加课时，确保学生有更多的体育学习与锻炼时间。体育课质量保障情况如何，可以通过观看课堂教学，依据课堂教学规范要求，判断体育课质量水平。这既是对"开齐开足体育课"的全面督导，也是对其质与量的系统评估。

　　三是针对体育师资配备情况的督导评估，《指导纲要》提出了要"配齐配强体育教师"。在督导评估的时候，师资配备情况是重要指标。从数量上来看，有充足、不足、严重缺乏之分；从质量上来看，可以按照体育教师专业素养评估，也可以分为好、中、相对较差三个水平。

　　四是在学校体育经费保障方面，包括是否划拨体育专项经费、经费是否能满足开展学校体育工作需要等。学校体育的各项工作都离不开经费的支持，不仅课堂教学需要必要的场地器材的修缮和添置经费，运动训练与竞赛也需要一部分支持经费，最起码体育经费要能够保证学校体育工作正常运转。有条件的学校，也可以争取社会力量捐赠，以解决体育经费不足的问题。

　　五是在场地器材的条件保障方面，督导评估的重点同样是能否满足正常开展学校体育工作需要，在此基础上要充分考虑《指导纲要》提出的优先发展"一校多品"的场地器材完善情况、风雨场地的建设情况、场地器材安全等。评估其落实《指导纲要》的程度，这些方面均不可忽视，也要注重场地器材的利用情况，以往存在学校有场地不让正常使用的情况，有的过分保护，担心损坏、丢失等，有这些做法的都可以作为扣分项给予关注并督促其改正。

六是有关体育教师的培训，可以从是否达到了每位教师每年至少参加一次培训等方面来评估。督导评估体育教师参加的培训次数与培训级别，一方面可以判断学校对体育教师发展的重视程度，另一方面也能促进那些不太重视体育教师发展的学校在这方面引起重视，并提高支持力度。

七是有关体育教师工作量的落实情况，一方面是教学工作量是否按照每周12课时核算，另一方面要看一看大课间、带队训练等是否纳入教师工作量。超过每周12课时的教学工作量是如何处理的，有无建立按超工作量给教师以激励的机制等。通过全面督导学校体育工作，尤其是在推进教学改革过程中具体落实《指导纲要》情况，充分了解学校的观念、做法和成效，更有利于促进学校体育和体育教师的发展，更有助于促进学生的身心健康与全面发展。

三、理解、把握、改善、提升："注重教师实施体育教学改革的过程与结果"解析

将体育教师对"教会、勤练、常赛"的理解和把握，灵活驾驭体育课堂的能力改善情况，体育教师的专业素养与师德风范的提升水平，体育教师实际参与培训情况，尤其是培训后教育教学能力提高程度，体育教师基于新形势、新理念对系统性"全面育人"的把握情况等纳入体育教学改革的过程与结果的主要内容。

体育教师在体育教学改革中起着关键性作用，设置针对体育教师的督导评估，其内容更加聚焦《指导纲要》对体育教师提出新要求的理解和把

握情况。一是是否准确理解"教会、勤练、常赛"，是否能够在体育课上进行合理的组织，可以通过观摩课堂充分了解体育教师在"教会、勤练、常赛"方面的课堂驾驭能力。

二是是否能够优化体育课堂和不断提升其质量，及时消除过去体育课堂不良的教学现象，如过分追求大密度、练习活动安排不合理、缺乏教学比赛活动安排等。

三是需要督导评估体育教师的专业素养与师德风范、教育教学能力等，以及对"全面育人"工作的把握情况。在"配齐配强体育教师"的总体要求下，体育教师的能力和发展水平直接关系到对政策的落实，更关系"开齐开足上好体育课"的落实，因此，体育教师能力与水平等往往会作为重要的督导评估指标。

四、"四位一体"目标达成："强调学生达成体育教学改革的目标与效果"解析

将体育教学改革在促进学生"享受乐趣、增强体质、健全人格、锤炼意志"的目标达成情况、核心素养培育情况，尤其是学生体育兴趣产生的程度、体质健康水平改善的幅度、健全人格培养的宽度和锤炼意志达到的深度纳入学生达成体育教学改革的目标与效果的主要内容。

在对《指导纲要》落实情况进行督导评估的时候，学生达成体育教学改革目标与效果的情况同样不容忽视。整个改革的目的都最终集中在促进学生的发展上，因此《指导纲要》反复强调的"享受乐趣、增强体质、健全人格、锤炼意志""四位一体"目标达成情况，以及学生体育核心素养培育情况等都是重要指标。新时代体育教学改革，"享受乐趣、增强体质、健全人格、锤炼意志"在《指导纲要》的文本中，从前言到总体要求，再到

督导评估被反复强调了 3 次，从中可以看出其重要性和扎实落实的紧迫性。学生在各方面达成的情况集中反映了目标达成度，体育教学质量水平也可以通过"四位一体"目标的达成情况来判断。除此之外，学生的体育学科核心素养的培育是当前基础教育关注的重点，也是体育教育未来要一直持续关注的焦点。体育学科核心素养培育效果在督导评估工作中不但不能忽视，还要将其作为主要指标。学生的体育学科核心素养在运动能力、健康行为、体育品德诸方面的培养结果如何，不同学段具有不同的特征与要求，因而督导评估时应有具体的区分。

第五节 《指导纲要》的工作要求与解析

贯彻落实《指导纲要》需要首先确定试点，并组织开展教改培训工作。这是确保《指导纲要》顺利推进的关键性工作，也是最有效的工作。

一、强调试点先行，稳步推进："确定试点"解析

各地要及时确定实施体育教学改革试点的范围，并组织进行教师培训和完善保障条件。实行教改的具体方案和实施范围报教育部体育卫生与艺术教育司。

《指导纲要》在工作要求中，特别提出了各地在贯彻落实的时候要做好的几项关键性工作，确定改革试点尤为重要，可以以省为单位，也可以以地市、区县为单位，统筹确定改革试点的范围，有利于有组织地扎实开展改革推进工作。组织教师培训和完善保障条件，以及实行教改的具体方案

的研制等，是落实《指导纲要》、促进改革顺利开展的重要且基础性的工作。提出这样的要求，一方面是要引起地方的重视，另一方面是因为假如离开了这些支持，改革将难以正常有序推进。

二、强化培训工作，扎实推动："教改培训"解析

教育部体育卫生与艺术教育司将根据各地试点方案和范围，在暑假期间组织教学改革师资培训和组织实施培训，并提供相关技术资源。

从教育部体育卫生与艺术教育司推动体育教学改革的具体工作来看，结合各地试点方案和范围，组织培训以及提供资源等，是未来推进改革、帮助地方贯彻落实好《指导纲要》的重要举措，也是教育部体育卫生与艺术教育司重视体育教育高质量发展的重要体现。这样做一方面确保改革方向不偏不倚，另一方面能够有效促进地方和学校对体育教学改革的快速推进。

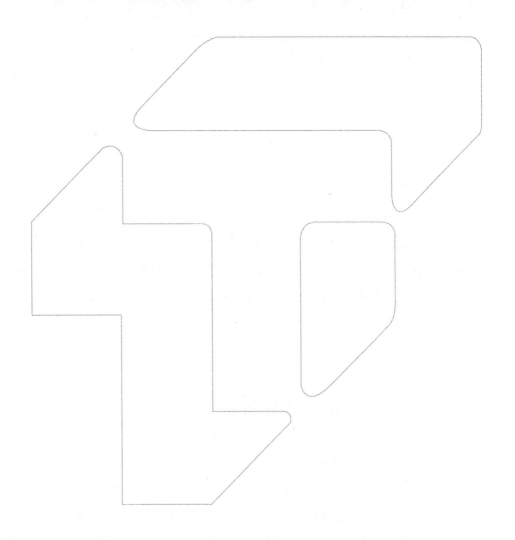

第三章　《指导纲要》的落实方略

本章解读内容提要

1. 落实好《指导纲要》应按照什么样的程序？

2. 落实好《指导纲要》要把握好哪些政策要点？

3. 落实好《指导纲要》需要在哪些方面有所突破？

4. 落实好《指导纲要》需要如何做好评估与反馈？

如何落实《指导纲要》，要经历哪些基本程序，地方教育行政部门如何研制落实方案，关于政策要点的落实需要注意哪些关键性问题，需要有哪些突破，对《指导纲要》落实情况如何进行评估与反馈，形成良性促进，逐步提升水平，打造高质量体育课堂，使得体育教学改革落实、落细、落全。以上就是本章要探讨和解答的主要问题。

第一节 《指导纲要》落实的基本程序

具体到要落实《指导纲要》，需要把握一定的程序，研读文本既是落实《指导纲要》的起点，也是整个落实过程中不可或缺的一环；结合地方特点和学校实际，研制《指导纲要》落实方案，是使《指导纲要》稳步推进的关键；地方层层组织培训不仅能够转变理念，而且在操作层面上也能够把握正确的方向和有效的方法；精准实施是能否落实好《指导纲要》的重中之重，前期的准备工作包括研读文本、制定方案、组织培训等，都在为精准实施打下牢固的基础；实施情况如何，尤其是《指导纲要》是否已经落到实处，以及落实效果怎样，都可以通过分层督导及时反馈，便于后续进一步完善改革方案，推动改革进程。

一、研读文本，挖掘政策要点

要把握新时代体育教学改革的前沿和方向，对《指导纲要》不能仅仅做浏览式的翻阅，更不能只是粗略或大概地了解，而是要研读。如何研读《指导纲要》文本？这既需要全面，又需要深入。全面，就是系统研读，不落下任何信息。需要全面了解是什么，有哪些政策要点需要落实，与自己息息相关的是哪些，等等，都要了如指掌。深入，就是认真研读，边分析边阅读，逐字逐句琢磨透彻，要有一种"打破砂锅问到底"的研究精神。当看到《指导纲要》中某方面内容非常重要，又感觉需要很好地贯彻落实的时候，就可以将其称为需要贯彻落实的政策要点。然后可以围绕这个政策要点开始分析，诸如，为什么要提出这样的政策要点？以前这方面怎么了？是想让我们怎么做？做到什么程度算是贯彻落实了该政策要点？这就是研究式阅读。不仅找到了是什么，还分析了为什么，更明白了怎么办等一系列问题。例如，重要的政策要点之一"教会、勤练、常赛"。研读挖掘政策要点，首先需要明确什么是"教会"、什么是"勤练"、什么是"常赛"。也就是说，要明确各自的概念与内涵，如果政策要点是什么都不清楚的话，何谈贯彻落实？当把是什么弄明白以后，就要分析为什么《指导纲要》要求体育教师理解和把握"教会、勤练、常赛"。这就需要进而分析其缘由，诸如，原来以前教了都没有教会吗？没有教会是什么状态，教会以后又是什么特征？提出"勤练"是因为过去学生课内外都练得不够吗？如果不够的话，练到何种程度算是"勤练"了呢？关于"常赛"要求，达到"常"的何种程度，《指导纲要》中是如何解释的？是不是每节课上都要求安排比赛环节？明白了是什么和为什么之后，下面就需要分析怎么办了，也就是要解决如何观察落实。这就需要研究落实方案，规划落实策略，把握落实要点，设定落实标准等。所以，要贯彻落实好《指导纲要》，研读文本是最不可缺少的首要环节。

二、制定方案，快速推进改革

在贯彻落实《指导纲要》的过程中，当明确了各政策要点后，就要具体制定落实方案，后续才能快速推进改革。方案是从目的、要求、方式、进度等方面都部署具体、周密，并且操作性很强的计划。基于此，对《指导纲要》落实方案的研制工作就需要进行具体而周密的部署，明确落实的目的是什么、提出哪些要求、采取哪些方式落实、其进度如何规划等。

关于落实的目的，概括起来可以从三个层面来确定：一是政策落实层面，是为了更好地贯彻落实文件中的各政策要点；二是学科发展层面，是为了通过改革打造高质量体育教育；三是教师操作层面，是为了体育教师能够明确方向与要求，把握方式方法与进度，精准有效推进教学改革等。

关于落实的要求，在方案中要体现具体的要求，相关人员看了以后，要能够明白让做什么。一般方案中的要求要提得具体、可操作，不能似是而非、模棱两可，要有明确的规定性，但也可以给予地方或学校选择和变通的余地。提出的要求也要尊重客观和现实，考虑差异性和特殊性。具体来说，方案中的要求最好能够呈现如下特点：一是规定性，或者叫统一性。这往往是基本规定或底线要求，是各地各学校都能达到的或创造条件达到的，如提出落实体育课时"4-3-2"的底线要求，即小学1—2年级每周4节体育课，小学3—6年级和初中每周3节体育课，高中每周2节体育课。这是一个基本要求，各地各学校都应该贯彻落实好。二是灵活性。一般而言，这是各地各学校基于学校实际能够有特色或更好发展的要求，这方面不可一刀切，不能搞大统一。如有些学校各种条件都比较充足，可以实现每天1节体育课，而有些学校暂时还达不到。因此，在方案中的语言表述就不应是强制性的，而是用"鼓励""有条件的学校可以……"等表述，作为可以灵活把握的要求。三是操作性。方案中提出的要求要具体，具有可操作性。要求不具体，执行者就不知道如何操作，落实的结果也就难以达到理想，甚至无法进行具体督导评估。

落实的方式，是指《指导纲要》落实可以规定和认可的方法、形式。落实《指导纲要》不能太过随意，其选择的方式要有针对性，即精准，未来才能体现实效性；要有创新性，即新颖，过程中才能体现积极性；要有激励性，即驱动，才能逐步呈现发展性；要有全面性，即系统，结果上才能体现完整性。例如，在帮助农村体育教师发展方面，可以采取"送教下乡""城乡结对"的方式，或者"连片教研"的方式等。这样的方式就比较具有针对性，而且比较新颖。又如，对于超工作量的体育教师适当给予绩效奖励，能够对体育教师有一定的激励作用，从而促进体育教师更好更快地发展。再如，在落实组织保障方面，可以采取"联合推进"方式，即政府、学校、社会等多方形成合力，促进《指导纲要》快速落实，也促进体育教育高质量发展。

落实的进度，主要是指落实《指导纲要》的具体时间表和路线图。也就是说，具体的时间与落实内容的流程，先做什么，后做什么，哪个时间段重点做什么，每个阶段达到什么目标。从时间上，能够看出清晰的时间推进表；从内容上，能够看出对应的时间段要完成的任务。这样就会比较清晰，不至于盲目去落实。总之，落实《指导纲要》是要分步走的，既不能急于求成，也不能无所作为，要程序化推进、规范化实施。例如，何时召开启动会、何时组织教师培训、何时进行督导等，都可以在方案的进度中详细列出。

三、组织培训，解读《指导纲要》细则

在落实《指导纲要》的过程中，培训是必不可少的环节。但培训工作不能形式化，组织要有序，内容要精准，方式要新颖，效果要明显。

首先，要有序组织培训工作。先培训什么后培训什么，先对谁培训后对谁培训，先怎么培训后怎么培训等，都要安排好，不能处于无序状态，否则，就难以系统化。从培训对象上看，先开展的应该是对讲师团队的培训，即培训者培训，就是要使讲师团队在认识上不出现偏差，理解上要到

位，操作上要了如指掌等。然后再对骨干教师、教育行政部门主管体育工作的领导、学校校长、体育教研员等按群体进行分类培训，要明确方向，把握关键，引起重视和实现有效操作。而后再对广大一线教师进行培训，这样既有培训团队给一线教师解读《指导纲要》细则，讲授操作方法，又能给予有效指导。从培训机构上看，国家层面的培训、省级层面的培训、地市与区县层面的培训，要层层深入，逐级细化。

其次，培训内容要精准。何为精准？就是精练、准确。按政策要点分主题式进行培训是相对比较理想的内容确定方式，还要考虑培训的阶段性，如初始阶段的培训，应主要集中在理念层面和全面把握政策文本上，即了解文本有哪些要点，以及研制的背景。当了解这些以后，就要针对具体政策要点如何落实进行培训。当然，不同的群体参与培训的时候，也需要考虑他们的需求，不能对任何群体进行培训都是一个内容体系，一定要有区分，因为他们的工作性质不同，对《指导纲要》落实的责任分工不同。如对教研员的培训和对体育教师的培训内容上就应该有一定的区分，对教研员的培训更要讲究指导方法的培训，即如何指导一线教师贯彻落实好《指导纲要》，推进体育教学改革等。而对一线教师的培训要更加具体和具有实操性，如如何上好新时代学、练、赛一体化系统组织和有效开展的体育课，如何把学生教会，等等。

再次，培训方式要新颖。以往传统的培训方式，多为讲授式，专家讲，培训对象坐在下面听，听完理解多少，掌握多少，能用多少，不得而知，这样的培训可谓是灌输式培训。对落实《指导纲要》的培训要尽可能地方式新颖，诸如理论与实践相结合的培训、线上线下相结合的培训、互动研讨参与式培训、活动组织与讲授结合式培训等。只有创新培训方式，才能达到更理想的培训效果。具体来说，一是理论与实践结合的培训，即讲授理论与实际操作结合起来进行培训，效果往往要大于单纯的理论讲授。这样的培训比较直观，培训对象马上就能明白如何操作，不至于偏离方向、走进误区。二是线上线下相结合的培训，随着互联网时代信息技术的发展，线下培训往往在培训对象的受众面和培训次数上都有一定的局限性，所以适当组织线上培训，弥补线下培训之不足，实现更大范围、更多频次的培训，其培训的普及性与效果也能有所提升。三是互动研讨参与式培训，以往主要采用传统讲授式培训方式的时候，培训者的积极性难以充分调动，而转变一种培训观念，让培训者与培训师、培训者与培训者之间都参与互动，进行研讨，提高参与度，这样的培训能达到更好的培训效果。如可以就某一专题先让大家分组研讨，然后各组发表见解，最后由培训师归纳总结并正确引导。四是活动组织与讲授结合式培训，这种培训方式与所组织的活动联合开展，可以在活动之前先培训，也可以在活动之后再培训，当然，培训内容最好与活动相关，这样的培训既能增强大家对活动的深刻理解和把握，还能通过组织活动提升大家对培训的兴趣和参与度。例如，开展《指导纲要》试点启动活动的时候，就可以结合活动组织《指导纲要》解读培训，让试点单位和老师们能够明明白白地参与其中。又如，进行"体育选项走班制"推进活动的时候，就可以在活动前后安排有关"体育选项走班制"的相关讲座活动。

最后，培训效果要明显。任何培训都要追求实效性，不能形式化，《指导纲要》的培训更是如此。从哪些方面体现培训的效果呢？一是培训过程中培训对象的参与情况，是积极主动的，还是消极被动的。如在培训课堂上，培训对象是否能够安静听讲或积极参与讨论，是否有人来回走动或出出进进，等等。二是培训结束小结的时候，培训对象的感悟是否深刻，是否有明显的启发，是否豁然开朗，为长期困惑的问题找到了解决的思路和办法，等等。所以，通过培训对象写的感悟就能感受到培训是否有效。三是在具体工作中是否有改变，有多大改变。例如，《指导纲要》提出转变观念，要"以学定教"，在实际教育教学工作中，是否能够体现出来。又如，关于体育教师教学工作量12课时的规定，学校校长通过培训以后，是否在这方面积极落实。

四、精准实施，提高课堂质量

通过培训，对《指导纲要》应该有一个全面的了解和把握，但是究竟应该如何操作，尤其是怎样有效操作，就需要精准实施，才能真正达到提高课堂质量的效果。

具体来说，一是最好能先做试点，通过初步尝试总结与归纳出经验或模式，有利于更大范围内的有效实施。试点要有代表性，且试点单位的参与者要有积极性，还要注重观察、分析和归纳总结，不仅要能够总结出经验，还能够查找出问题，在后续的推广应用过程中更有的放矢。二是要在实施的时候注重轻重缓急，最重要的先实施，次要的次之。还要分类实施，把容易实施的和较难实施的区分开，既可以先易后难，也可以先难后易，这就要按需来定。但是实施过程要有头有尾，不能虎头蛇尾，诸如在实施开始的时候重视，中间次重视，结果不重视，这种实施很难促进课堂质量的提升。三是要有检验实施效果的办法或组织相应的活动。如针对课堂教学质量是否有提升，可以组织看课、评课活动，或组织召开教学改革研讨活动，围绕某一节或某几节课组织大家观看并研讨。集中判断实施达到的效果，如果是优质课，优在何处，有哪些经验值得总结学习；如果是问题突出的课，还存在不少问题，那么问题都体现在哪些方面，是什么原因导致的，是观念问题，是方法问题，还是能力问题等。只有达到精准实施，提高课堂质量才能立竿见影。

五、分层督导，及时反馈实效

在《指导纲要》落实的程序里，督导和反馈至关重要，少了这两个环节，落实的真实情况就难以把握，也就难以螺旋上升式地推进教学改革。

首先，关于督导，应注重分层、分类和分项督导。要建立督导制度，不能有一天没一天、有一次没一次的，进行制度化督导，才能引起各方面的重视。督导还要把握一个关键，就是通过督查要真正地给予指导，否则就失去了督导的意义。对督导结果进行综合评估，不仅是要写一份或多份评估报告，还要及时有效地反馈。

其次，关于反馈，不仅要反馈，还要注重反馈的实效性。反馈对象确定好后，相当于反馈的内容已经确定，在反馈的过程中要把握被反馈对象的反应，是积极听取反馈，还是以心不在焉敷衍了事或得过且过的心态听取反馈。书面反馈也是如此，看是否有回应，反馈后看是否根据问题进行整改，以及整改的及时性和实效性，都能反映出反馈是否达到了一定的效果。

第二节　《指导纲要》政策要点的落实

政策要点是《指导纲要》的核心内容，也是在落实的时候需要重点关注的内容。对这些政策要点的具体落实，需要明确方向性，具有操作性，还要能够凸显实效性，否则，就难以达到真正意义上的落到实处。

一、"四位一体"目标及其落实

"四位一体"目标是指"享受乐趣、增强体质、健全人格、锤炼意志"，之所以称其为"四位一体"，是因为各方面共同作用于学生身上，是对人才培养的集中要求，是一个都不能少的具体体现。

1. "四位一体"目标受到高度重视和广泛关注

自 2018 年习近平总书记在全国教育大会上的重要讲话中强调"要树立健康第一的教育理念，开齐开足体育课，帮助学生在体育锻炼中享受乐趣、增强体质、健全人格、锤炼意志"，不仅专家、学者们在多维度、多视角研究其内涵、外延、关系、措施等，国家印发的相关文件中也反复强调贯彻落实好这"四位一体"目标，如体育总局、教育部印发的《关于深化体教融合 促进青少年健康发展的意见》中提出："树立健康第一的教育理念，面向全体学生，开齐开足体育课，帮助学生在体育锻炼中享受乐趣、增强体质、健全人格、锤炼意志，实现文明其精神、野蛮其体魄。"中共中央办公厅、国务院办公厅印发的《关于全面加强和改进新时代学校体育工作的意见》中也明确提出："以服务学生全面发展、增强综合素质为目标，坚持健康第一的教育理念，推动青少年文化学习和体育锻炼协调发展，帮助学生在体育锻炼中享受乐趣、增强体质、健全人格、锤炼意志，培养德智体美劳全面发展的社会主义建设者和接班人。"教育部办公厅印发的《指导纲要》中再次强调提出："进一步深化体育教学改革，指导全国中小学体育教师科学、规范、高质量地上好体育课，更好地帮助学生在体育锻炼中'享受乐趣、增强体质、健全人格、锤炼意志'，促进青少年学生身心健康全面发展"和"将体育教学改革在促进学生'享受乐趣、增强体质、健全人格、锤炼意志'的目标达成情况、核心素养培育情况，尤其是学生体育兴趣产生的程度、体质健康水平改善的幅度、健全人格培养的宽度和锤炼意志达到的深度纳入学生达成体育教学改革的目标与效果的主要内容。"从讲话精神到文件制定，进而也引起研究者们的跟进与重点研究，可以说"享受乐趣、增强体质、健全人格、锤炼意志"已被高度重视和受到广泛关注。

然而，"四位一体"目标究竟该如何落实，这不仅仅是研究者们需要深入探讨和深化研究的艰巨任务，更是各地各学校的一项重要工作。

2."四位一体"目标需要落全、落细、落深

"四位一体"目标各自存在着特有的内涵和明确的指向，贯彻落实既要顾及全面不能以偏概全，又要细化推进不能走马观花，要落到实处避免形式主义，还要挖掘内涵与底层逻辑不能蜻蜓点水、浅尝辄止。

"落全"，主要是瞄准人的全面发展需要，顾此失彼难以实现培养全面发展的人才的目标。首先，"享受乐趣"是情感体验，是享受运动，甚至能体验到与运动融为一体的感觉。这体现出不是痛苦而是尽享快乐，没有被动而是积极参与，没有抵触而是全然配合，体会到的应是运动带来的正能量，以及运动给予的幸福感。这样享受运动带来的乐趣的同时，为后续目标的达成奠定了热爱运动的基础。在锻炼中享受乐趣实际上是获得了运动快感，是丰富情感。其次，"增强体质"是身体改善，这需要科学有效的锻炼，需要在锻炼中掌握增强体质的方式方法，才能在锻炼后产生理想的和预期的体质增强的效果。体质得到增强的程度不仅与锻炼的形式与内容有关，还与锻炼的强度与密度有关，所以能否达到体质增强的效果是有条件的。增强体质实际上是要强健体魄。再次，"健全人格"是立德树人的具体体现，是要塑造更加完美的人，是使人格更加完善的过程和目标要求。人格是一种心理品质，有好有坏，有弱有强，表现出的形象有高大与渺小之分，有远见与短视之别，也有"健康"与"亚健康"甚至"疾病"等不同状态。健全人格的过程，就是追求善良、高尚、包容、健康的过程。人格是否健全表现不同，健全的方式方法也有别。健全人格实际上是要优化心灵。最后，"锤炼意志"是自我完善提升的过程，力求使自己变得更加坚强、勇敢，提升抗挫能力。体育运动很能培养胜不骄败不馁的精神，一定程度上就是意志得到锤炼的过程。锤炼意志和健全人格都不容忽视，但二者是有本质区别的。健全人格强调塑造完善的人格，体现较高的道德情操，与人能够友好相处，能够善待他人，健全人格的过程是形象逐渐变得高大

的过程；而锤炼意志是使自己变得更加强大，会通过坚强、勇敢、持久等特点表现出来。锤炼意志能够让人更好地迎接挑战。总之，作为一个全面发展的人，要具备丰富的情感，通过教师的教育和引导逐渐提升对运动的喜爱程度，真正感受到"我运动、我快乐、我幸福"。要强健体魄，参与运动要能使身体变得更加强健，真正体验到"我运动、我健康、我成长"。要优化心灵，这是一种质的改变，感悟到"我运动、我团结、我奉献"。要迎接挑战，这是一种能力体现，达到"我运动、我坚强、我改变"。"四位一体"目标要落全，一个都不能少，否则难以促进学生身心健康全面发展。

"落细"，意味着要从面落到点，从理念落到行动，在认真研读"四位一体"目标的基础上，充分把握哪些是需要具体化的，不能仅仅停留在精神层面或认识层面，更不能泛泛地抓落实。落实《指导纲要》实际上是分先后、快慢的。同时，需要在落实的过程中把握好细节，常言说"细节决定成败"。"四位一体"目标在落实过程中，应该在哪里体现"落细"，如何"落细"，"落细"后会有哪些具体表现呢？首先，就"享受乐趣"而言，享受乐趣与激发兴趣、体验乐趣都有细微的差别，各自有着独立的内涵，但又密不可分。落实享受乐趣，重在"享受"，那如何才能让学生享受到运动乐趣？不同的组织方式有差别，如组织游戏，尽管学生能够做到积极参与游戏活动，但多数是在游戏中体验到快乐，游戏结束这种快乐体验就会随之消失。参加比赛过程中，由于"争强好胜"的心理得到满足，学生在比赛时也会乐在其中。这些或许有主动的因素，但更多的还是被组织的、受限制的快乐体验。运动中真正达到享受乐趣，要注重学生的自主性运动参与习惯的养成。"受约束"与"有自主"、"被参与"与"有习惯"有着本质区别，所以在落实"享受乐趣"的这一情感层面目标的时候，除了让学生参与到游戏、比赛之中，更要注重自主与习惯的养成。其次，就"增强体质"而言，在哪里体现"落细"，该如何"落细"，才能真正增强体质？过去在增强体质方面，比较注重集体体质状况，按优良率、合格率，以及肥胖率、近视率等衡量集体体质。实际上，学生的体质是千差万别的，即便是性别相同、年龄一致、优良率一样，其体质类型也会各不相同。如即便同样是耐力差，有的是心肺功能不强导致的，有的是意志不够坚强，未能跑出较好水平，所以干预措施要有所区别。再次，就"健全人格"而言，这一目标要素比较宽泛和难把握，不仅不好评价，而且具体操作起来容易抓不住关键点。在落实的时候要想"落细"，首先需要分析人格是否健全，如果有不健全的地方，哪里有缺口，不同学生之间的人格差异都在哪里，个体自身又表现出哪里缺口大，是主观因素导致的，还是客观原因造成的，所以健全人格的塑造更需要"落细"，这是逐一突破不断完善的过程。需要"落细"的点和对产生的根源的把握是实现"健全人格"目标的重中之重。例如，有些学生表现出比较自私，遇到事情总是先为自己考虑，不爱帮助他人，甚至表现出与同学争斗等不友好现象，难以做到宽容、与人为善等，所以对这类学生要教育引导从"无私"做起。自私的孩子实际上并不是道德出了问题，只是不能处处为别人着想，所以"落细"在健全人格的培养方面要找准点，精准突破。最后，就"锤炼意志"而言，如何将其"落细"？要激发学生能够直面困难的勇气，培养学生迎接挑战的胆识，通过不断地在预设和现实中解决困难，培养坚定、顽强和不服输的精神和提升抗挫能力，并逐步锤炼学生勇敢、坚毅的良好心理品质。这里的"落细"实际上体现出的是要程序化，即从思想上高度认识，在行动上丰富积累，在现实中才能综合呈现。总之，不同的目标要素有着不同的细节表达，"落细"也就成为各自突破的必备策略。

"落深"，就是要纵向贯通，包括外在的各目标要素之间的贯通，还包括各目标要素自身的深化。首先，达到外在贯通，需要厘清各目标要素之间的关系，是层层递进的，还是交叉互融相互促进的。其实，当我们明确每一个目标要素的内涵、意义和价值之后，其关系便清晰可见了。通过对"落全""落细"的分析我们不难看出，"四位一体"目标各自独立又密不可分，享受乐趣是前提，不能享受运动的乐趣，后续的目标就很难通过运动达成；增强体质是基础，没有强健的体魄，一切都毫无意义且很难实现；健全人格是为人处世的保障，人格不健全，其他方面越强可能越会带来负面影响；锤炼意志是使自己变得更加坚强的法宝，有了它就能够敢于直面困难，勇于挑战极限。这些都是有价值的、有意义的幸福人生所不可或缺的。其次，把握各自的层次性。"四位一体"目标的每一方面，其内部都能梳理出层次，不是一个点上或面上达到就达成了目标，而是都应该有一条线贯穿。"享受乐趣"自身的一条递进线是："激发兴趣—培养志趣—形成乐趣"，是逐步升级的，不同阶段采取的方式方法也应该有所不同，提出的要求也应该有所区别。"增强体质"自身的一条逻辑链是："精准测评—精准干预—精准提升"，"三精准"也是分先后的，所以增强体质的"落深"也是一个完整或完善的过程，即测、练、提。就是这样一个系统连贯的体系，后续再螺旋上升开始新的测、练、提，最终实现有效增强体质。"健全人格"自身的贯通性体现在"确立短板—活动改善—完美呈现"，其含义是每个个体的人格都或多或少有需要弥补的短板。这一初始阶段一定要厘清，否则就难以看到成效；还要通过在活动中改善现有人格现状，有针对性地突破；健全人格的最终目的，是追求比较完美的人格特质，一旦通过以上两步人格变得更加健全，那么该目标就算顺利实现。"锤炼意志"在"落深"方面的体现也有一条类似的链条，这一链条是"认识特性—锻炼强化—测评检验"，从而逐步提升意志品质。具体来说，需要先从思想上认识到意志自身表现出来的基本特性，如自觉性、果断性、自制性和坚韧性；再通过所设置的意志锻炼活动进行强化，诸如从中提高自觉参与活动、果断解决问题的意识和能力，培养遇事能够克制自己、坚忍不拔等精神；再通过创设模拟仿真生活或比赛情境，检验学生意志锤炼的效果。由此可以看出，"四位一体"目标要体现"落深"，需要厘清关系，顺势而为，程序化、系统性是其共有的特性，只有深刻理解，完善组织，才能持久显现，顺利达成目标，否则，缺口难填，短板难补，将直接影响学生身心健康全面发展。

二、"健康知识＋基本运动技能＋专项运动技能"及其落实

两办《意见》首次提出应教会学生"健康知识＋基本运动技能＋专项运动技能"，这等于教学内容有了明确的规定性和新的体育教育期待。《指导纲要》再次强调提出："重点教会学生健康知识、基本运动技能和专项运动技能。其中，健康知识与基本运动技能作为体育课必修必学内容要在中小学广泛开展，专项运动技能作为必修选学内容，中小学校结合实际有选择地开展。"这说明，必修必学和必修选学的各项内容都不容忽视。

1. "健康知识＋基本运动技能＋专项运动技能"是核心且必备的内容

体育学科究竟应教给学生什么，文件中反复强调"健康知识＋基本运动技能＋专项运动技能"，为什么要教会学生这些内容？它们能够给学生的发展带来什么？这些内容有何特点？对这些问题的回答将有助于更好地设置内容的呈现方式，更有利于让学生有效地学习各类知识，掌握技能和形成能力。

对于"健康知识"而言，《指导纲要》明确提出："为良好健康行为的形成和有效促进健康打下坚实的基础。"健康知识是打基础的，是形成健康行为不可或缺的。能否形成健康行为与所拥有的健康知识息息相关，也与是否按照健康知识的指引去践行关系密切。有了健康知识，又形成了健康行为，知行合一，才能更好地促进健康，仅有任何一方面都难以真正地促进健康。

对于"基本运动技能"而言，《指导纲要》提出："为日常生活和专项运动技能的学习奠定扎实的基础和提供重要的保障。"对于任何人而言，其

日常生活都需要走、跑等最基本的运动，否则难以维持正常的生活。任何专项运动也都包含着不同的基本运动元素，如篮球运动，包含行走、奔跑、跳跃等基本运动元素，行走不稳、奔跑不快、跳跃不高，就难以在比赛中占据优势，更难以获胜。所以《指导纲要》强调"针对学生素质发展敏感期合理组织学、练、赛，科学推进基本运动技能'课课练'活动"，"每节课应该包括 10 分钟左右的基本运动技能"。

对于"专项运动技能"而言，《指导纲要》提出："专项运动能力评价可依据专项运动技能学习结构化内容确定评价内容。"而运动能力又是学生体育学科核心素养的重要指标，个人运动能力又往往通过专项运动表现出来，所以专项运动技能的学习就显得尤为必要。但由于学生对专项运动的兴趣爱好有所不同，因此专项运动技能的学习与基本运动技能的学习有着本质的区别。即专项运动技能的学习是带有自主选择性的，学生可以结合自己的兴趣爱好有选择性地学习。如有的学生喜爱足球，有的学生喜爱篮球，还有些学生喜爱健美操等，虽然都属于专项运动，但内容不同，技能掌握程度不同，学生所能达到的运动能力水平也有差异。有些运动能够提高竞争能力、增强挑战精神，有些运动能够提高审美能力，有些运动像游泳等能够提高生存技能。因此，专项运动技能对于学生的发展必不可少，但在具体项目上不做统一规定，在一定范围内提供自主选择性，这样也更能体现"以人为本"的理念和"以学定教"的观念。

2."健康知识＋基本运动技能＋专项运动技能"需要系统衔接性学习

体育学习是要遵循科学规律的，既不是一次就能学会、学完的，也不是想教什么就教什么、想教多少就教多少的。根据学生的生长发育规律、认知发展规律、素质发展敏感期、运动技能形成规律，以及教育规律等，要系统且上下具有衔接性地学习。无论是健康知识、基本运动技能的学习，还是专项运动技能的学习，都要呈现系统与衔接。不仅随学段的升级，必修必学内容难度、数量需要有所变化，而且必修选学的专项运动技能也要按照学生所达到的运动能力水平进行进阶式学习。

就"健康知识"而言，《指导纲要》明确提出了"每个学段的健康教育教学工作，要基于本学段各年级应掌握的健康知识内容创新组织健康教育活动"。健康知识有进阶，活动方式也要做相应的调整，才能最大限度地发挥健康教育的作用。

就"基本运动技能"而言，《指导纲要》也明确提出："各学段基于学生动作发展和体能发展规律，各类动作在不同学段按照难度和锻炼方式进阶，形成各学段相对固定的基本运动技能锻炼内容，通过锻炼使学生在不同学段都具有相应的基本运动能力水平。"所以，基本运动技能的学习与学段关联度大，不可脱离学段而自行或凭感觉安排内容。

就"专项运动技能"而言，《指导纲要》强调"各学校可以根据本校实际、师资力量、学生需求等，有选择地在教学中开展。各专项运动技能的教学，依据专项运动固有的难度和自身的特征，按结构化的方式将每个专项运动划分为多个模块和单元开展教学，学生对各模块和单元逐一进行递进式学习"。与基本运动技能所不同的是，专项运动技能的进阶式学习要充分考虑学生的技能水平，要避免过去曾出现的蜻蜓点水、低级重复、浅尝辄止、半途而废的学习。

三、"教会、勤练、常赛"及其落实

两办《意见》和《指导纲要》两个文件中相继提出"教会、勤练、常赛"，因此需要对其准确理解并有效落实。具体落实起来，就需要准确理解各自的内涵，便于提升认识、走出误区，在新时代体育教育教学改革中对其有更精准的定位与更有效的操作。这也是国家颁布《指导纲要》后所期望看到的。

1."教会、勤练、常赛"的方向性尤为明确

两办《意见》中明确提出："围绕教会、勤练、常赛的要求，完善体育教师绩效工资和考核评价机制。"无论是理论研究还是教学实践，对此都给予了高度的关注，许多人在理解文件精神和尝试实践的过程中，不免出现因认识上的偏差而走了弯路的情况，其结果会直接或间接影响到体育教育教学质量。关于"教会、勤练、常赛"，《指导纲要》首先在"指导思想"中强调，"深化体育教学改革，强化'教会、勤练、常赛'，构建科学、有效的体育与健康课程教学新模式，帮助学生掌握 1 至 2 项运动技能，促进中小学生运动能力、健康行为、体育品德等核心素养的形成"，力求通过强化"教会、勤练、常赛"，建构课程教学新模式，也就意味着课程在结构上要发生一定的变化。紧接着在"改革内容"中，《指导纲要》又再次强调："通过深化体育教学改革，转变教学观念，全面把握'教会、勤练、常赛'的内涵与要求，使其成为常态化、规范化、系统化的教学组织模式。""指导思想"明确方向以后，在具体的"改革内容"中强调既要重视"教会、勤练、常赛"，还要把握好其内涵与要求，并使其走向常态化、规范化、系统化。所谓常态化，就是要常规性地开展；所谓规范化，就是要合理、科学、有效地组织；所谓系统化，就是要全面，三者一个都不可少。为了更进一步强调"教会、勤练、常赛"的有效开展，《指导纲要》在"主要任务"部分"更新教学观念"中再次明确："改变单一学习知识或某项技术的现状，从综合育人、培养体育核心素养的高度和体育课程一体化的思路，强化'教会、勤练、常赛'过程与结果，有效促进体育教学改革目标的达成。"由此可以看出，要想将"教会、勤练、常赛"真正落到实处，需要有高度、有思路，即站在综合育人、培养体育核心素养的高度，还要在体育课程一体化思路的引导下去实践。在"创新教学过程"中再次强调"全面

把握'教会、勤练、常赛'一体化系统性教学思路与方式，实施更有效的教学，全面提高教学质量"。在"师资保障"方面也强调："通过培训准确把握改革方向，深刻理解和实施'教会、勤练、常赛'的具体要求，更加合理有效地组织体育课堂教学。"除此之外，在"督导评价"部分，针对体育教师的督导评价提出了"将体育教师对'教会、勤练、常赛'的理解和把握，灵活驾驭体育课堂的能力改善情况，体育教师的专业素养与师德风范的提升水平"纳入评价体系。"教会、勤练、常赛"在《指导纲要》中反复出现，属于高频词组，不难看出其重要程度。因此，在贯彻落实的时候一定要明确对其提出的要求，以防出现偏差，走弯路。

2. "教会、勤练、常赛"的操作性要精准把握

贯彻落实《指导纲要》，在"教会、勤练、常赛"方面除了要明确方向，更重要的是要有效操作。首先，就"教会"而言，既需要了解"教会"的状态，又需要把握"教会"的过程，明白是如何从不会到会的。那么，何谓"教会"？"教会"是理解、掌握和能用的综合体现。所谓"教会"了，从程度上说就是最终达到能用了，而不是简单地掌握了知识与技能。所以，不能简单地理解"教会"。达到能用程度的"教会"，其过程也是系统的、有层次递进的，且组织形式也是多样化的。期间，要遵循学生的认知规律，要依据教材的特点，还要遵循教育规律和运动技能形成规律等，更要充分考虑"学以致用"地组织各项教学活动，将"教会"的重点放在课堂上。其次，就"勤练"而言，达到何种程度可以算作"勤练"？在贯彻落实《指导纲要》时，对于"勤练"的具体操作过程要有质和量的规定。当然，"勤练"并不用完全拘泥于课堂，为了弥补课上练习不足，需要课内外、校内外联合开展练习活动。在"勤练"的质的控制上，练要符合规格要求，体现精准性，动作不能是错误的；还要体现适宜性，不仅要考虑与年龄相符的练习活动内容与方式的引入，还要把握规律，循序渐进；练习的安全问

题也要重视，有安全隐患的练习要注意防范，防止出现伤害事故，一旦出现，不仅影响质量，更重要的是影响健康。在"勤练"的量的控制上，课堂上多用强度和密度衡量，课外或校外锻炼中多依据每周参与次数与每次锻炼时间来衡量。从时间上看，要保证每天校内外各一小时体育锻炼。当然，"勤练"的结果指向可以从三个层面来看：养成习惯经常反复练，掌握技能巩固提高练，增强体能集中强化练。达到这些量化的和质性的要求，才称得上落实了"勤练"。最后，就"常赛"而言，"常赛"究竟要达到何种频率？是否需要节节课有比赛？课内外、校内外如何给学生创造参加比赛的机会？达到"常赛"后将会是何种效果？等等。这一系列问题都值得在落实"常赛"的时候梳理清楚。从参赛频率上来看，《指导纲要》已经明确提出："面向全体学生，根据体育教学内容合理组织每堂课上的教学比赛，结合体育课堂教学组建班队，要周周打比赛，周六周日可组织全校体育比赛，以赛促练，掀起体育锻炼的浪潮，使学生享受竞赛乐趣、更加牢固地掌握专项运动技能，培养学生的体育与健康素养。"从参赛形式上来看，既有课堂活动式教学比赛，也有课外竞争式正规比赛。比赛可以激发兴趣、强化技能、学以致用、提升水平、检验效果等，具有综合功能。

有效落实"教会、勤练、常赛"要走出几个误区。一是掌握运动技能就等于"教会"，显然这属于认识上还没有到位；二是片面追求大强度、大密度，这显然不切实际，不够客观；三是认为"常赛"就是经常参加竞技比赛，这就认识上不全面，理解上有偏差。

四、"学、练、赛"及其落实

《指导纲要》明确提出："要根据不同年龄、性别、教材、课型、场地、气候等科学安排运动强度，合理设计练习密度，针对学生素质发展敏感期合理组织学、练、赛，科学推进基本运动技能'课课练'活动。""学、练、赛"均为课堂教学基本方式，过去的体育课程几乎每堂课上都有"学"与"练"，部分课上有"赛"，而在未来的体育课堂上三者均不可或缺，需要一体化、综合呈现在课堂上，从而更好地达到全面育人的效果。

1."学、练、赛"各自具有独特功能与要求

体育作为一门技能性强的实践性学科，其教育教学方式与其他学科相比有着本质的区别。"学、练、赛"无论是在课堂教学中，还是在课外参与的体育活动中，都有不同的呈现。"学、练、赛"各自有着独特的功能。

"学"，即学习，是从外部获取知识、技能、方法等，有聆听、观察、模仿等多种方式。学的结果应该是能够达到理解、掌握、会用，即学会。其独特的功能就在于丰富知识、提升技能、掌握方法，让学习者经历从不知到知、从不会到会、从不懂到懂、从不能到能的过程。体育课堂上的学有自主学习，但大部分都离不开教师的教，教与学共同构成双边活动。爱学、能学、会学才能学会，才能体验快乐，收获成功。爱学，重点在于激发兴趣，学有所乐；能学，多指内容的适宜性，学有所用；会学，是方法得当，是学会学习。教师的教要注重学习兴趣的激发、学习内容的设置、学习方法的引导等。

"练"，即练习，是亲自体验、反复操作、熟能生巧的过程。"练"的两个明显的特点就是参与和重复，参与度高低和重复率大小决定着"练"所能达到的效果。其独特功能在于通过练习能学会技术、掌握技能、提升能力。"练"包括很多种形式。从有没有器械来看，有徒手的和使用器械的练习，根据练习在不同阶段的需要来定；从练习的参与人数来看，有单人独自练习、双人合作练习、多人集体练习；从练习的阶段划分来看，有新授课上的新的学练，多属于感知阶段的练习，有复习课上的旧的重练，多属于提高阶段的练习；从练习的完整性上来看，有分解动作的练习，有完整动作的练习；从练习的内容设置来看，有单一动作的练习，有组合动作的

练习，还有整套动作的练习，等等。在学生练习的时候，教师应给予及时准确的指导，纠正错误动作，让学生知道动作做得是否正确；对于练习方法的指导，让学生知道哪些方法最有效；在自我评价的指导上，让学生及时了解"练"得怎么样，有哪些地方还需要调整完善。

"赛"，是要通过竞争来比输赢、比高低、比快慢等。"赛"的最大特点就是"比"，在"比"中了解学习结果，在"比"中培养竞争意识，在"比"中形成优良品格等。所以"赛"是不容忽视的环节。当然，体育课堂教学中的"赛"与竞技体育运动中的"赛"有着明显不同。《指导纲要》中多次对"赛"提出明确要求："体育课的时间中小学一节40（或45）分钟，每节课应该包括10分钟左右的基本运动技能、20分钟左右结构化运动技能学练及组织对抗性比赛和放松拉伸等。"也就是说，课堂上不仅要组织比赛，而且要组织具有对抗性的比赛。《指导纲要》在对"常赛"的要求中进一步提出："面向全体学生，根据体育教学内容合理组织每堂课上的教学比赛，结合体育课堂教学组建班队，要周周打比赛，周六周日可组织全校体育比赛，以赛促练，掀起体育锻炼的浪潮，使学生享受竞赛乐趣、更加牢固地掌握专项运动技能，培养学生的体育与健康素养。"这里需要明确的是，比赛一定是面向全体学生的，比赛还要求"根据体育教学内容合理组织每堂课上的教学比赛"。对于"人人赛、堂堂有"的要求，广大一线体育教师在优化课堂、提升课堂教学质量上要引起高度重视，教学比赛一定是课堂上不可或缺的。由此，课堂评价或教师评价或许会随之发生改变，在评价一节课的完整性上，"学、练、赛"活动都是不可缺少的评价要素。

2. 落实"学、练、赛"要精准把握综合效应

体育教学改革聚焦质量提升的抓手就是"学、练、赛"。通过"学、练、赛"各种活动的创新、完善等提高教学的实效性。"学、练、赛"三者尽管各具独特功能，但单凭任何一方面都难以达到最理想的效果，需要

三者联动发挥综合效应。三者之间如何联动？一是要确定好关联点，处理好三者的关系，学是基础与前提，练是提高与保障，赛是检验与强化。它们之间的关联点是技术动作，但通过"学、练、赛"，技术动作会逐步升级，发生从量到质的变化。在学的阶段，是对单个和多个技术动作的学习；在练的阶段，是对单个和组合技能的掌握；在赛的阶段，不仅可以检验技能掌握水平，还能强化能力的形成。总之，"学、练、赛"之间呈递进关系，三者共同作用于学生的体育学习过程，只是有先后之分，缺少任何一环，体育学习都将不够圆满。因此从体育教学设计开始，就要充分考虑三者的关联性及其在不同阶段发挥的作用。在课堂组织时还要结合学情做出及时调整，不能完全机械照搬教案上的设计。包括用什么方式学，学到什么程度才能进入练的环节，采用什么方式练，练习时间、练习手段如何把控，练到什么水平可以安排赛，赛什么，怎么赛，都要基于学情和练习效果，合理组织赛的形式与内容。因此，"学、练、赛"应该是一体的，需要一体化推进。

在落实"学、练、赛"的过程中，要防止走进误区，要把握灵活性，关注实效性，重视创新性，避免形式化，但也不能过于复杂化。"学、练、赛"的目的要非常明确，既不能跟着感觉走，也不能脱离实际想当然，要重视客观，遵循规律，把握学情，系统组织各环节的各项有针对性的活动。当能够一体化设计和系统性组织的时候，"学、练、赛"的综合效应便能凸显出来。除此之外，无论是在学和练的环节，还是安排的各种比赛，都可以抓住时机穿插"评"，以及时了解学习效果，及时改进教法，从而达成理想的学习目标。所以，也可以将"评"加入一堂课的系统组织中，形成学、练、赛、评一体化新样态体育课堂教学模式。

五、"体育选项走班制"及其落实

　　长期以来，体育课程通常采用"行政班级授课制"形式，便于组织管理、集体施教，对排课也几乎没有挑战，但该形式存在一定的弊端，如难以满足学生的兴趣爱好和运动需求，难以充分发挥教师的专业水平，难以有效促进学生掌握 1 至 2 项运动技能等。《指导纲要》明确提出："打破传统的体育课堂教学组织形式的局限性，积极探索与适当增加'体育选项走班制'教学组织形式。"而且对不同学段也有更加具体的要求："义务教育阶段，在原有按'行政班级授课制'完成必修必学内容学习的基础上，小学高年级可增加学生的自主选择性，选择自己喜爱的运动项目进行学习，有条件的学校可采用'体育选项走班制'组织教学。初中在'体育选项走班制'的基础上，可适当增加'体育俱乐部制'，丰富完善组织形式，提高学生的参与兴趣，加强必修选学内容的学习。高中以'体育选项走班制'为主，通过'体育俱乐部制'组织形式，满足学生的运动兴趣和专项化发展需求。"这种学段进阶式安排，充分考虑到小学高年级以上的学生具有一定的学习控制能力，也有着相对稳定的兴趣爱好，再加上实验结果的支持，因此提出引入"体育选项走班制"等教学组织形式。

　　1."体育选项走班制"关键在于选与走

　　要贯彻落实好"体育选项走班制"，就要处理好两个关键问题：一个是选项问题，一个是走班问题。究竟该提供哪些选项，又该如何走班呢？处理好这些问题，"体育选项走班制"就能顺利实施。

　　就选项而言，建议充分考虑如下方面：一是学校可开的，二是教师能教的，三是学生爱学的，四是学生该学的。其中，学校可开，意味着场地器材类型与数量能够满足开展某些专项运动所需。也就是说，要考虑学校现有的条件能够开展哪些专项运动，这是硬件设施条件保障。教师能教，是基于本校专职体育教师人数和专项类型来定的。也就是说，本校体育教师能够教哪些专项运动，凡是能教的就可以作为选项之一。学生爱学，是从学生的兴趣爱好出发考虑的。学生的兴趣爱好不同，他们选择的运动类型就不同。"体育选项走班制"的实施，一个突出目的就是要满足学生的运动兴趣，学生能够学习自己喜爱的运动。学生该学，是针对学生发展需求而言，不同年龄段的学生的发展需求是有区别的。有些项目在特定年龄段更适合开展，而且各项目动作技能学习"窗口期"也有所不同，再加上要培养学生未来更好地适应社会需要所具备的能力和素养，如竞争能力、挑战精神等，因此"体育选项走班制"开展过程中，对项目的选择要考虑得更加全面些，需要充分考虑的这些方面的一致性和匹配度越高，选择的可能性就越大，避免出现只考虑学校能开的现象。

选项结束后就可以开始走班。就走班而言，究竟该如何走？一次走班的班级数应该是多少？哪几个班一起走比较合适？对这些问题的回答是能否开展好"体育选项走班制"的关键。一般情况下，一起走班的班级数量需要依据学校场地器材条件和教师数量而定，这两者充足，一起走班的班级数可以适当多些；相反，如果场地器材与师资资源不够充足，一起走班的班级数不能太多的时候，可以三两个班级一起走班。至于哪几个班一起走，一般相邻的几个班级一起走相对便利些，也可以由体育教师协商，相互配合开展走班。这里需要进一步强调的是，选项后走班前有一个班级重组过程，按项目重组的时候，要考虑让学生填报项目选择志愿，最好每个学生能填写两个志愿，当第一志愿满足不了时，教师在重新组合班级的时候，可以考虑学生的第二志愿。因为学生选项的时候，有可能不是刚好组合成人数相对均衡的班级，有的项目可能选择的人数会比较多，需要调整，这就需要根据两个志愿进行再分配。

除此之外，对于《指导纲要》中建议的"有条件的学校可采用'体育选项走班制'组织教学"，需要准确把握什么是"有条件的学校"。以前有不少人认为有条件指场地器材充足、体育教师资源丰富等，但通过"体育选项走班制"实验我们发现，凡是学校能够按照国家规定的课时数开齐开足体育课的都能走起来。因为"体育选项走班制"的实施，总课时数并没有发生变化，只是在同一时间段上体育课的班级是同一个年级需要一起走班的某几个班，且是打乱行政班级，在新学期开学初按选项组成的新班级。至于同时几个班一起选项重组班级，可以根据学校实际、教师专项情况而定。但总的来讲，所谓的"有条件的学校"，其条件并不很高，凡是能开齐开足体育课的都可以尝试实施"体育选项走班制"教学组织形式。

2."体育选项走班制"重点把握实效性

开展"体育选项走班制"既不能简单形式化，也不能过于担心难度而不敢突破。要开展好"体育选项走班制"组织形式，关键要把握实效性。那么实效性如何体现？如何把握好实效性呢？实效性应从如下几个方面来判断：一是学生通过参与走班制学习，对该项运动是否兴趣更浓了，参与度更大了，运动技能掌握的速度是否更快了。二是教师通过组织走班制教学，对体育教学的热情是否更高了，专业性是否得到了不同程度的发展，师生关系是否更融洽了。三是体育课堂教学质量是否有了根本性的转变。从目标的达成、形式的新颖、课堂教学气氛、课堂教学效果等方面来看，是否比以往都有所改变了。一旦有了以上这些改变，说明"体育选项走班制"的实施是成功的、有效的，是可以继续开展的。因此，不但要有信心走班，还要从研究的角度去深化"体育选项走班制"，记录走班的过程，总结走班的经验，发现走班的问题等。只有这样，"体育选项走班制"开展的实效性才有可能越来越突出。

然而，具体该如何落实"体育选项走班制"实施的实效性呢？需要做好以下几个方面的事情。一是学校最好能做到"一校多品"，尽可能满足学生的兴趣爱好和运动需求。以前倡导的"一校一品"有一定的局限性，所以学校的场地器材的修缮工作，就要尽可能首先满足开展"一校多品"的"体育选项走班制"教学的项目。《指导纲要》中就场地器材保障方面也提出了"优先发展学校所开设的'一校多品'运动项目的场地器材，满足选项教学需求"。但选项数量也应有所控制，不能完全按照学生的意愿全都开设，不是学生想学什么，就开展什么运动，要兼顾每一个因素，综合考虑后再确定能开展起来的项目。二是在开展选项走班的第一个月，允许学生调整项目。因为有的学生在选项后的第一个月内，会发现自己并不是完全适合或喜欢该项运动，所以在这一个月内应该给学生提供调项机会。但后续则应至少一个学期后才可以调整项目，否则就失去了选项走班的意义。三是要不断提升体育教师的专业化水平，要加强培训，提高体育教师自主学习能力和意识。体育教师不能仅仅满足于过去在学校学过某项目，就自认为一定能胜任选项教学。自学生选项学习开始，就存在学生个体之间的技能水平差异问题，教师的能力不仅要满足零基础的学生学习某专项运动，还要满足不同技能水平的学生在各发展阶段的学习需求。另外，对于以前是田径、体操专项的教师，势必要考虑一下发展第二专项特长的问题，如男教师可否强化学习一下球类运动，女教师可否加强对操舞类运动的学习等。否则，就难以在"体育选项走班制"实施过程中更好地发挥专职体育教师的专业作用。

六、"知识、能力、行为、健康"及其落实

《指导纲要》对"知识、能力、行为、健康"提出了明确要求。一是在"改革内容"部分，提出了"打造高质量体育课堂，使学生在'知识、能力、行为、健康'诸方面得到全面提升"。二是在"完善教学评价"中明确提出："打破以往只对运动技术、体质健康等某一方面的评价，要更加注重

'知识、能力、行为、健康'综合评价指标体系的建立。"从以上两个部分所强调的具体内容来看，《指导纲要》既注重"知识、能力、行为、健康"的全面提升，又强调建立综合评价指标体系，这说明未来体育教学改革更加突出全面育人。

1. "知识、能力、行为、健康"关联度大且缺一不可

要贯彻落实好《指导纲要》在"知识、能力、行为、健康"方面提出的明确要求，需要对它们分别代表着什么、它们之间的关系，以及每个方面的不可或缺性进行探讨。

首先，"知识"不可或缺。从广义上讲，体育学科的知识不仅包含可阅、可写、可讲的基础性的体育与健康知识，还包括可做的技术等操作性知识；从狭义上讲，这里的知识主要是指体育与健康知识，需要学生理解、掌握，学懂、学会。其次，"能力"更弱不得。能力也有广义与狭义之分，广义上包含运动能力、健康促进能力等，狭义上主要指运动能力，包括基本运动能力和专项运动能力。运动能力是衡量学生体育学习效果的主要指标，也是检验学生体育学科核心素养达成度的关键要素。再次，"行为"不能忽视。要想促进健康必须做到知行合一。做了什么，怎么做的，是衡量行为的两个重要方面。《指导纲要》中强调的"行为"主要是可测评的健康行为，诸如通过对学生运动参与情况的考量，既可以记录学生的体育课参与情况，也可以记录学生日常的体育锻炼情况，包括体育家庭作业完成情况等。《指导纲要》在"改革内容"中也提出"探索建立学生体育学习过程管理长效机制，树立体育教学管理务实创新的新形象，全面促进体育教学改革"。加强对学生体育学习的过程管理，有利于对学生健康行为的评价。最后，"健康"是重中之重。不仅体育教育教学工作要有明确的促进健康的要求，而且体育对健康的促进需要加大力度，加强组织管理等。在学生进行体育学习与锻炼的时候，应注重树立"健康第一"的教育理念，真正起到促进健康的作用。在

体育学业质量评价的时候，还要强化健康这一要素的不可或缺性。

"知识、能力、行为、健康"各自有着具体的指向性，但各要素之间又密不可分，掌握健康的知识、形成运动的能力、养成健康的行为（促进良好习惯的形成）三者的结果共同指向健康。它们与健康既是过程与结果的关系，也呈现促进与提升的关系，即前者起到促进作用，后者水平得到提升。① 其中，知识与行为综合体现"知行合一"，能力与行为实现"能习相随"。也就是说，发挥健康促进作用的三者之间也关系密切，两两结合体现"知行合一"和"能习相随"，从而确保在促进人的全面发展方面发挥综合效应。

2. "知识、能力、行为、健康"落实需要把握实施路径与评价方略

要把"知识、能力、行为、健康"落到实处，需要系统把握实施路径与灵活把握评价方略。

关于"知识"的传授与评价，《指导纲要》中对"教会"的内容再次强调："重点教会学生健康知识、基本运动技能和专项运动技能。"两办《意见》和《指导纲要》这两个文件都将健康知识作为"教会"的重要内容。所以，健康知识的传授需要引起高度重视，《指导纲要》中提出："每个学段的健康教育教学工作，要基于本学段各年级应掌握的健康知识内容创新组织健康教育活动，为良好健康行为的形成和有效促进健康打下坚实的基础。""健康教育每学期4课时，按照各学段规定应学习的健康知识，参考健康教育教学指导，有效组织教学工作。"以上对健康教育尤其是对健康知识传授提出的要求，为学生扎实掌握健康知识，帮助其建立健康行为，"知行合一"地促进健康具有非常重要的作用。关于对"知识"的评价，《指导纲要》明确提出了要求："对体育知识、健康知识等的评价，建立知识测评

---

① 于素梅. 一体化体育课程的旨趣与建构 [J]. 教育研究，2019（12）：51-58.

题库，通过试卷纸笔测试、线上网络测试、随堂口头测试、组织开展活动测试等相结合的方式实施。小学侧重情境式测试，初中和高中可多采用主题式测试。"其中释放了两个信息：一是"知识"是需要评价的；二是评价的内容和方式需要结合不同学段的年龄特点和知识内容而有所不同。

关于"能力"的形成与评价，体育教学改革将"能力"的培养聚焦在运动能力上，运动能力是衡量体育学习结果和评价体育学业质量的重要指标。基本运动能力是专项运动能力的基础。基本运动能力是通过学习基本动作，如走、跑、跳、投、滚、翻、爬、钻等基本动作来培养的；通过反复练习掌握基本运动技能，满足日常生活所需；再通过强化基础体能练习，以及完善基本心智能力，从而形成基本运动能力，如在特殊环境中和情境下能够通过奔跑、跳跃、滚翻、攀爬等求生自救、躲避风险等。专项运动能力的形成有一个由专项运动技术到专项运动技能，再到专项运动能力的发展过程，也可以简称为运动技术到运动技能再到运动能力的形成过程。例如篮球运动中的运球技术，掌握运球动作要领和动作方法后，通过反复练习，历经泛化、分化，巩固提高后再达到运球技能掌握的自动化阶段，再通过强化篮球专项体能，培养篮球运动心智能力，在掌握运球技能的基础上，最终形成篮球运球能力。

对"能力"的评价，无论是衡量基本运动能力还是衡量专项运动能力，都应该有一个标准，否则，学生基本运动技能和专项运动技能的学习难以衔接，难以合理规划，更难以达到理想的效果。关于运动能力的评价，体育课程一体化项目组通过近三年的研究，初步研制了一套六级评价标准。因为基本运动技能的学习被设定为必修必学，所以基本运动能力的评价按学段设置，小学三个等级，初高中共三个等级；专项运动能力等级的设定不与学段对应，但六个等级也有基本的"定级不定项"的要求，小学毕业要求达到专项运动能力二级，初中毕业应达到专项运动能力四级，凡是达到专项运动能力四级的就相当于掌握了该项运动。之所以提出"定级不定项"，是因为学情、校情不同，不能一刀切，还要充分考虑学生的兴趣爱好和运动需求，只要小学毕业时学生能达到运动能力二级就可以，至于学生选择的是哪项运动不做统一规定。如有学生小学毕业达到了足球运动能力二级，有的学生小学毕业达到篮球运动能力二级，在评价的时候，认定其达到的水平都是一样的。同理，初中毕业达到专项运动能力四级的"定级不定项"要求也是一样的。

关于"行为"的养成与评价，行为是受思想支配而表现出来的外在活动，是指人们一切有目的的活动，是人们在日常生活中所表现出来的一切动作的统称，可以分为外显行为和内隐行为。行为主义心理学认为，人类行为是人的心理活动和外界环境交互作用的表现。健康行为是促进健康的具体活动方式，这里的"行为"重点是指健康行为，具有健康行为再加上有一定的健康知识，才能知行合一，促进健康。健康行为的养成不仅是值得关注的问题，而且是体育学科核心素养培养需要完成的任务。所谓健康行为，是指人们为了增强体质和维持身心健康而进行的各种活动。例如充足的睡眠、平衡的营养、运动等。拥有健康行为的人不仅能不断增强体质，维持良好的心理健康和预防各种不良行为、心理因素引起的疾病，而且能够养成健康习惯。所以，要健康必须有健康行为。1978 年，世界卫生组织在《阿拉木图宣言》中把健康界定为四个层次：生理健康、心理健康、道德健康、社会适应健康。那么，健康行为也应基于这四个方面去培养与形成。从行为医学角度来看，健康行为应概括人的身、心、社会方面均健康时的外在表现；要求不影响自己、他人乃至整个社会的健康；能及时准确感受外界条件的改变，正确调整自己的行为。由此可见，健康行为应具备有利性、规律性、认同性、统一性、和谐性。其中，有利性是指健康行为要表现为对自己、对他人、对环境有益；规律性是指能够有规律地生活，如起居有常，饮食有节；认同性是指健康行为能够被他人理解和接受；统一性表现在外在行为与内在思维动机协调一致；和谐性表现为能够与人、与自然、与社会和谐共处。

　　学生正处于行为、习惯的发展、养成阶段，只有摒弃不良生活方式，养成合理饮食、积极进行体育锻炼、保证充足的睡眠、善于调节心理压力、不吸烟、不吸毒、不酗酒、有意识地预防意外伤害等习惯，具有健康的生活方式，达到行为健康、习惯良好，才能拥有健康的人生。健康行为的影响因素是多元的，包括认知因素、学习因素、环境因素等。养成健康行为需要充分考虑各因素的相互影响及其相互关联性。健康行为的养成，首先，要具备"健康第一"的理念，能够把健康放在首位，树立健康意识，要能够从思想上高度认识到健康的重要性。其次，要懂得基本的健康知识，有些人为何出现不健康行为，究其原因，是对健康无知或缺乏相关知识，所以养成健康行为之前需要丰富健康知识。再次，注重自我判断和自我调控，要能够对自己的行为进行积极准确的判断，辨别哪些是健康行为，哪些是不健康行为，并对不健康行为进行矫正。可以通过创设活动场景，让学生参与活动来培养健康行为，并逐渐养成健康习惯。

　　在对"行为"进行评价的时候，可以将重点聚焦在睡眠时间、膳食结构、体育锻炼情况等方面。笔者在研究中曾提出"一体两翼"的观点。是否具有健康行为，可以通过评价"一体"（即体育锻炼）"两翼"（即睡眠与饮食），综合判断健康行为养成情况。而且笔者在研究中提出，影响体质健康的头号因素是睡眠。[①] 因此，健康促进是有条件的，是在先保障有充足睡眠和平衡膳食的基础上，通过合理的体育锻炼才能达到的。

　　关于"健康"的促进与评价。健康是世界人民追求的永恒主题，《"健康中国 2030"规划纲要》明确提出："健康是促进人的全面发展的必然要求，是经济社会发展的基础条件。实现国民健康长寿，是国家富强、民族振兴的重要标志，也是全国各族人民的共同愿望。"健康无论是对个人、对

[①] 于素梅. 中小学生体质健康影响因素调查：以北京市为例 [J]. 中国德育，2014（9）：9-11.

国家，还是对整个人类社会，都富有重要的意义。"全民健康是建设健康中国的根本目的。立足全人群和全生命周期两个着力点，提供公平可及、系统连续的健康服务，实现更高水平的全民健康。""将健康教育纳入国民教育体系，把健康教育作为所有教育阶段素质教育的重要内容。以中小学为重点，建立学校健康教育推进机制。"促进学生的健康需要加强健康教育，"健康"自然也就应该成为衡量体育学业质量的必备要素。《指导纲要》中明确提出："健康教育每学期 4 课时，按照各学段规定应学习的健康知识，参考健康教育教学指导，有效组织教学工作。"还明确列出了健康知识教育内容，"健康知识主要是中小学各学段应知应会的健康行为与生活方式、生长发育与青春期保健、心理健康、传染病预防与公共卫生事件应对、安全应急与避险等五个领域的内容"。促进学生健康逐渐成为学校教育的重要内容，尤其是当前有心理健康问题的青少年不断增多，因此通过适宜、科学、有效的健康教育，促进他们的身心健康已刻不容缓。

在对"健康"进行评价的时候，首选《国家学生体质健康标准》。可以借助每年的体测机会了解学生的健康状况，也可单独确定"健康"评价指标，更有针对性地了解学生在哪些方面有待加强。健康知识测评至关重要，这也是以往一直被忽略的测评内容。随着信息技术的迅猛发展，人工智能也逐渐走进学校健康教育，智能化测评系统将会越来越普及。也可以通过线上从题库中随机抽题的方式，实施对健康知识的测评，准确衡量是否教会了学生"健康知识"。

七、"以学定教"及其落实

当我们看到"以学定教"的时候，会想起另一个概念，那就是"以教定学"，两个概念只是学与教两个字的顺序发生了调换，但是意义却截然相反。过去，体育教师多数是采用"以教定学"观念组织课堂教学工作，而今倡导"以学定教"，二者的本质区别在哪里？为何要转变观念？如何转变观念？怎样用新观念打造高质量课堂？这些是贯彻落实《指导纲要》，树立"以学定教"新观念需要重点关注和厘清的问题。

1."以学定教"要突出"以人为本"，重视学情

所谓"以学定教"，总体上来说是根据学情确定教什么、如何教、教到什么程度等。具体到课堂中，可以根据学生在课堂上的学情调整、完善教法，更有效地组织教学活动。体育教学以往多数是"以教定学"，即根据教材内容确定教什么、教多少，是在"教教材"，所以容易造成学生被动接受式学习，消极学习现象就会不可避免，学生难以体验到体育学习的乐趣，更难有享受运动的乐趣。教师也会感到教着吃力，甚至教学效果不佳。这种传统的观念如果不转变，学生的体育兴趣就难以得到提高，运动需求就难以得到满足。而从"以教定学"转向"以学定教"以后，体育教学就会发生质的改变，不再是"教教材"，而是"用教材教"，是基于学情去选择内容、确定教法、合理评价等，充分体现的是"以人为本"。以往的课堂，有些教师仅仅在备课写教案的时候进行学情分析，课堂上往往不关注学情，说到底是对学生参与的体育学习观察不够，甚至还有教师在体育课上睁着眼睛约等于闭着眼睛，即不注重观察学生的学习情况，有的即便观察到了也视而不见，所以新时代的新课堂要有新观念和新变化。

2."以学定教"能够真正打造高质量体育课堂

高质量体育课堂最大的特点应该是真正使学生在各个方面得到发展，尤其是能够集中围绕习近平总书记在全国教育大会上关于学校体育的"四位一体"目标的重要论述，基于学情展开各项教学活动。无论是享受乐趣和增强体质，还是健全人格和锤炼意志，都是在高质量课堂上才有希望实现的。那么为什么"以学定教"能打造高质量课堂，又如何打造呢？之所

以说能，是因为"以学定教"能把学生放在"课堂的正中央"，是基于学情，为了学生的发展，注重新时代新要求的体育课堂。要打造高质量课堂，除了高度认识其重要性和彻底转变观念，尤为重要的是如何将其落到实处。如何才能落到实处呢？我们需要把握以下几个关键。一是始终坚持"全面育人"导向，牢牢把握学生的生长发育规律、认知发展特点、兴趣爱好与运动需求等，要依据特点和规律做到客观与科学育人。二是从备课开始就充分考虑学情，课堂上更要重视学情，关注差异，做到因材施教，让每一个孩子都能得到发展。三是结合学生学习过程与效果，及时调整学法，优化教法，提高教学的实效性。四是合理组织"学、练、赛"活动，帮助学生实现"享受乐趣、增强体质、健全人格、锤炼意志""四位一体"目标。"以学定教"除了教师要转变观念，提升水平，还要正确引导学生积极参与、认真学练、掌握学法、互动交流，如果只是单因素改变教师现状，也难以达到理想的教学效果。

八、"开齐开足上好体育课"及其落实

体育课是体育与健康课程实施的主渠道，不仅要开齐开足，更要上好。自两办《意见》明确提出"开齐开足上好体育课"以后，《指导纲要》又再次做了强调。那么，具体该如何实施呢？

1."开齐开足上好体育课"是既强调量又要保证质

体育课应该上多少课时、上了多少课时、上得好不好等一系列问题都值得关注。结合当前的现状不难发现，关于体育课开设，有如下几种情况：有些学校已经做到了每天1节体育课；有些学校增加了体育课时但未能达到每天1节；有些学校按照国家规定的课时数开齐开足了体育课；有些学校开齐了没有上足；有些学校没有开齐也没有上足。以上五种情况差别明

显，学生接受体育教育的机会也受到很大影响。然而，"开齐开足"还只是关于体育课量的问题，量不够何谈有足够的质？不仅如此，无论量是多少，每一堂课都要确保优质，否则，体育的功能价值就难以在学生身上得到充分发挥，也就难以通过体育运动促进学生身心健康全面发展。两办《意见》中强调："义务教育阶段和高中阶段学校严格按照国家课程方案和课程标准开齐开足上好体育课。"《指导纲要》中也明确提出："为保障体育教学质量，促进学生全面发展，将开齐开足上好体育课落到实处。"两者一是强调要开足开齐上好；二是进一步明确要将开齐开足上好落到实处，各地在执行的时候，需要高度重视和制定切实可行的方案，按国家规定扎实推进"开齐开足上好体育课"这一要求的落实。

2."开齐开足上好体育课"需要多方参与，形成合力

要把体育课开足开齐并上好，不是只依靠体育教师这个群体就能完全做到的，而是需要政府、学校、家庭的联动，需要主管部门领导、校长、教师、学生、家长的全力支持与配合。从政府的层面来看，需要做好两件事情：一是制定相应的落实文件与方案，二是做好督导检查和评估工作。既提出要求，又注重督导，二者缺一不可，否则就难以充分衡量究竟是否真正开齐开足了，是否一定上好了。从学校角度来看，学校要真正将体育课按要求排进课表，还要确保将排进课表里的体育课落到实处，杜绝一切挤占体育课现象，更要杜绝"阴阳课表"，即教室墙上贴的课表中排的是体育课（有时是应付检查），上的却是其他学科的课（和学生手中的课表一致）。家庭在上好体育课方面不是微不足道的力量，在一定程度上也能影响着体育课是否能上足上好。家庭各成员的体育观念、健康意识、思想境界等都或多或少地产生着影响作用。从各类人群的角度来看，教育主管部门负责人要有高度的责任感，要站在国家对全面发展人才培养的高度认识到体育课开齐开足并上好的意义和价值，要身体力行切实抓好顶层规划与督

导检查，从引导方向和严把质量的高度落实体育课的质与量。学校校长是学校教育的第一责任人，理所应当肩负起体育教育管理与引导的重任，不仅要在学校教育中真正落实"健康第一"的教育理念，还要通过重视体育学科，尤其是把最基本的"开齐开足上好体育课"作为推进该学科发展、促进学生身心健康发展的重要工作来抓。教师是最直接也是最有影响的群体之一，不仅体育教师在上好体育课方面起着关键性作用，班主任、其他学科的任课教师也都要全力配合，不低估体育的价值，不挤占体育课的课时，不阻止学生参与体育锻炼，教师的支持和通力合作是学生最直接的动力来源。学生自身对体育课的认识和对体育活动的参与态度也至关重要，学生要充分认识到体育学科的重要性，体育课堂是学习和掌握体育与健康知识、技能和方法的重要场所，积极主动地进行体育运动并养成良好的锻炼习惯等，都是学生要竭尽所能去做的。家长同样需要支持学生，家长的健康意识和体育锻炼习惯对孩子的体育锻炼有着直接的影响，家长能否支持学生正常上好体育课，认真完成体育教师给孩子布置的体育家庭作业等，也都不同程度地影响着"开齐开足上好体育课"的落实和实施。

除此之外，政府、学校、家庭还要密切配合、协同创新、共同为"开齐开足上好体育课"贡献智慧与力量。一是要增强认识上的一致性。要实现"开齐开足上好体育课"，需要得到大家的一直认同，任何一方认识不到其重要性，都难以真正地将其落到实处。二是要高度合作。当政府提出明确要求后，学校要具体将其落到实处，不能口头上喊着要"开齐开足上好体育课"，行动上依然出现挤占体育课、不强调体育课质量等现象。家长也要充分理解和支持，假如政府和学校都重视并有了具体要求与操作方法，家长不支持孩子积极参与体育课教学安排的各项活动，那么落实效果也会大打折扣。

九、"基本教学工作量每周 12 课时"及其落实

长期以来，体育教师每周的基本教学工作量在国家层面上尚未有统一规定，体育教师的工作量计算方法各地不同，为了能对体育教师的教学工作有一个相对合理的、适宜的规定，《指导纲要》结合对全国体育教师的大规模调查与访谈结果，明确了中小学体育教师"基本教学工作量每周 12 课时"的规定。

1. "基本教学工作量每周 12 课时"意味着有了保质保量的课时规定

"基本教学工作量每周 12 课时"实际上是有关组织保障方面的内容，要顺利推行体育与健康教学改革，师资保障要到位，尤其是要保障长期需要明确且一直未提出规定性的体育教师的教学工作量。尽管体育教师日复一日地工作着，但始终不知道基本教学工作量或满教学工作量的标准是什么，个别省份或地区也曾有过一定的要求，但终究未形成全国性的相对统一的规定。这不仅不利于教育主管部门、学校做好管理工作，也不利于体育教师的教育教学工作高质量地开展。有些学校体育教师的周课时数多达 20 余节，教师除了每天上课，很少有时间基于学情备课，更难以保障每堂课都保质保量上完。由于课余时间较少，钻研教材、深入教研和科研的时间也明显不足。《指导纲要》明确提出"中小学体育教师每周基本教学工作量保障 12 课时"，这对学校体育而言是富有历史意义的规定，尤其有利于保障体育教师有质有量地上好每一节体育课。

2."基本教学工作量每周 12 课时"落实过程中需要处理好两个
关系

在保障课时的规定下教师并不一定都能打造出高质量课堂，在贯彻落
实的时候教师还要处理好两个关系。一是要处理好课内与课外的工作量关
系。《指导纲要》不仅提出了 12 课时的教学工作量标准，还提出"并将组
织大课间、带队训练、指导比赛、体质监测等活动计入教师工作量"。那
么，当要求把大课间、带队训练等活动计入教师工作量的时候，该如何计
入，是否能够代替规定的 12 课时教学工作量？值得进一步说明的是，12
课时是指对体育课堂教学的工作量规定，也就是说，是对课内工作的规定，
课外的工作如组织开展大课间、带队训练等计入教师工作量而不是计入教
学工作量，因此，对于一名体育教师而言，教学工作量即每周 12 课时是标
准和要求。课外与课内的区别在于，课内的是教学工作量标准，也是最低
标准，完成 12 课时就等于完成了教学工作量，就达到标准了，超过 12 课
时的均可算作超工作量，超出多少，就等于超工作量是多少。这对于核算
绩效具有实际意义。以前没有课时规定的时候，超工作量的计算是比较模
糊的，所以绩效课时方面也难以折算清楚。二是要处理好教师数量不足与
按课时标准执行的问题。当前，体育师资严重短缺，而两办《意见》提出
"鼓励基础教育阶段学校每天开设 1 节体育课"，《指导纲要》也提出"鼓
励中小学各学段根据学校实际适当增加每周体育课时，义务教育阶段可每
天 1 节体育课，高中阶段保障每周 3 节体育课以上"，这些规定都显示出鼓
励增加课时，这就意味着体育教师需求数量会大大增加。一方面规定体育
教师每周 12 课时，另一方面又鼓励基础教育各学段每周增加课时数，这就
会导致体育教师短缺问题更加严峻，更面临要尽快"配齐配强体育教师"
的挑战。处理二者之间的关系，不仅需要加快速度多渠道配备体育教师，
还需要加强每一位体育教师的使命感和担当精神，要在配齐配强体育教师

的政策落实过程中，主动担当起体育教学的重任。随着各方面条件的改善尽快去落实 12 课时的规定。但超课时或超工作量问题，学校和教育行政部门要有一定的鼓励或奖励措施，要为确保体育教师上好每一节体育课创造条件，营造良好的政策环境。

十、"强化体育教研"及其落实

体育教学质量优劣与很多因素有关。其中，体育教研工作开展的情况好坏直接影响着体育教学改革能否真正落到实处，也关系着是否能够打造高质量课堂。

1."强化体育教研"需要强有力的政策支持

《教育部关于加强新时代教育科学研究工作的意见》指出："教育科学研究是教育事业的重要组成部分，对教育改革发展具有重要的支撑、驱动和引领作用。"体育教研工作能否有效开展，与诸多因素关联度大，诸如有无政策导向与支持，有无平台建设与保障，有无跟进组织与创新等。就体育教研工作而言，《指导纲要》明确提出："加强教研平台的建设，强化体育教研活动，推动体育教师教科研能力的全面提升，更好地推进新时代体育教学改革。"强化体育教研，不仅要引起政府的高度重视和支持，还要加强教研平台的建设，便于提供更多优质资源供教师们学习交流，在平台上开展教研活动，扩大受众面，让更多的体育教师有机会参与各级各类教研活动，从而提升教学能力和研究水平，如开展线上线下相结合的优质课展示活动等。《指导纲要》明确提出各地教育机构在制定政策和方案的时候需要将"强化体育教研"作为一项重要工作列入其中并落实到位。有了政策保障，学校和教师们在具体落实体育教研工作的时候才有方向和动力。

2."强化体育教研"需要体育教师倾注更多的时间和精力

体育教师的工作重点主要在于教学，但研究工作也不可缺少，"强化体育教研"意味着教学与研究都很重要，二者密切关联，且相互促进。教学是教师教和学生学的双向活动，教师要教会学生，那怎么才能教会，如何提高教学的有效性，体育教师是需要结合具体情况深入研究的，不仅要研究教法，还需要研究学法以及教学规律等。研究水平的提高，能有效促进教学质量的提升。但要真正做到体育教研工作有声有色地开展，体育教师需要比以往倾注更多的时间和精力。就时间而言，体育教师完成了每周 12 课时基本教学工作量，相当于有了更多的教研时间，如果教师们能够抓住机会充分利用课余时间深化研究，其自主学习能力会有一定的提升，教研水平也将逐步提高。以前，多数体育教师承担的体育课课时多，要挤时间教研，精力上可能不足，未来有了充足时间，再投入更多的精力，逐渐形成教研习惯，这样无论是教学成果还是科研成果都将得到不断丰富和积累。然而，教师有了时间，能否投入更多精力做教研，主要看教研态度和教研兴趣。教师对教研工作有全面而深刻的认知，认知程度越高，越愿意投入精力。另外，要有教研兴趣，有兴趣就会乐此不疲，就会层层深入，系统研究，否则，就有可能步入形式化教研的误区。

《指导纲要》对新时代体育教学改革提出了诸多新的要求，无论在目标、内容、实施、评价方面，还是在树立新观念、组织保障等方面，都需要与时俱进，协同发力，共促发展。

第三节 《指导纲要》落实的主要突破

《指导纲要》希望在落实的时候有一些突破，诸如实现"转变观念"的突破、改善"课程结构"的突破、建立"多元形式"的突破、提升"整体质量"的突破等。有了这些突破，体育教学改革才算真正得到了深化并取得显著效果。

一、实现"转变观念"的突破

落实《指导纲要》最难突破的是观念，尤其是对于已根深蒂固的传统观念，很难有所突破。《指导纲要》对于观念的转变明确提出了三个方面的要求：一是从单一学习转向综合育人；二是要注重学科融合与课程思政；三是将"以教定学"转向"以学定教"。

1."转变观念"有所突破的标志

判断教师在"转变观念"方面是否有所突破，体育教学过程中会有一些重要标志，且需要转变的观念类型不同，其表现形式也各异。首先，就"单一学习转向综合育人"而言，传统的观念就是教师教、学生学，传授的是单一的知识、技能和方法等，根据这些方面掌握的程度判断学生是否学会了。但新时代对体育教师和教学都有了新要求，《指导纲要》提出："改变单一学习知识或某项技术的现状，从综合育人、培养体育核心素养的高度和体育课程一体化的思路，强化'教会、勤练、常赛'过程与结果，有效促进体育教学改革目标的达成。"由此看来，体育教师不仅作为传授知识、技能和方法者，更作为教育者，要做到"育人"，不注重育人就违背了新时代对体育教学和体育教师的新要求。那么，如何看出已经转向了"育人"呢？课堂上的标志主要体现在：课堂上注重观察学情，了解学生的学习表现与变化，注重德育渗透，引导学生与他人友好相处、互相帮助等。教师要从眼神、语言、教学行为上体现出对学生的爱与关怀，学生才会产生被关注、被关爱等感觉。体育教师营造不恶语伤人的课堂，师生之间会多一分理解与配合，这样的课堂才是有温度的课堂。其次，就是"注重学科融合与课程思政"。以往谈起体育教学就仅仅是本学科的教学，无论是理论体系的建构，还是实践工作的开展，很少重视学科融合和课程思政的问题。随着综合育人和全面发展人才培养的需求度越来越高，跨学科教育和立德树人的强化也随之得到高度重视。《指导纲要》明确提出："注重学科融合与课程思政，在中华优秀体育文化传承的同时，鼓励适当在体育教学中开展情境式跨学科主题教育教学活动，促进综合育人目标的实现。"提出这样的新要求，势必要在教学改革中有所呈现，也应看到标志性的变化，诸如看到"体育+"而非只是"体育"学科本身的知识、技能与方法的传授。"+"后面的学科可以是音乐、美术、语文、数学，也可以是信息技术、劳动教育、军事教育等，思政教育作为必须融入的学科，更能很好地在课堂上体现出育人要素。而课程思政主要是以构建全员、全程、全课程育人格局的形式，使各类课程与思想政治理论课同向同行，形成协同效应，体现"把立德树人作为教育的根本任务"这一综合教育理念。体育学科强化"课程思政"不仅是该学科课程教学的改革要求，更是大教育体系中对每个学科提出的刚性规定，不容忽视。再次，就是关于将"以教定学"转向"以学定教"，该转变在课堂上会有什么标志呢？主要是课堂上教师的关注点发生了变化：从关注教师教什么，到关注学生学什么；从关注教多少，到关注学多少；从关注教到什么程度，到关注学到什么程度。也就是说，教师的教是基于学生的学，而不是学生的学是基于教师的教。这些不仅会明确体现在教案上，也会使课堂教学变得更加灵活，还会使教法得到调整或优化等。

2.“转变观念”的阶段性与永恒性

体育教学改革要求“转变观念”，但由于转变并非说转就能转，既有一个认识和接受阶段，还有一个尝试和体验阶段，更有一个践行与稳定阶段，所以“转变观念”会呈现阶段性特点。首先，就阶段性而言，处于不同阶段的时候，体育教师的认识有所不同，一开始会不那么坚定，甚至还会有抵触情绪，但随着认识逐渐提高，充分认识到新观念是有道理的、可以尝试的，就开始慢慢接受。只有教师接受了新观念，才会愿意去尝试，并在尝试中体验新观念带来的积极效应。通过不断地尝试与体验其积极的影响作用，教师就更愿意去践行，直至稳定下来。这一过程是正常的，是符合认知规律的，也是体育教师负责任的态度与表现，因此阶段性是“转变观念”的一大特点。其次，就永恒性而言，一方面说明一旦形成了某种新的观念，就会长期地相对稳定下来，不会再反复回到原有观念上去；另一方面说明新观念因为带来了不一样的效果或正向作用，会驱使着新观念拥有者一直坚持下去，并有可能将其传播出去，让更多的人了解、认同与践行，形成“转变观念”的良性循环。所以“永恒性”是“转变观念”的又一重要特点。

二、改善“课程结构”的突破

课程是有结构的，不应该是零散的，更不应该是脱节的，要体现科学性、合理性、适宜性，还要规定性与选择性并存。体育课程作为一门实践性突出的课程，要改善“课程结构”并非易事，因为长期遗留下诸多问题未能得到有效解决。如有些学段的课程内容未能区分必修必学、必修选学，所以哪些内容需要学多少，哪些内容需要按学段进阶式学习，哪些内容需要有选择性地按学生运动技能基础学习，并没有明确的规定和可选择性，所以出现了蜻蜓点水、低级重复等现象。又由于体育课程的实施多采用"行政班级授课制"，一刀切、大统一现象长期存在，出现学生的兴趣得不到激发、运动需求得不到满足等情况。在评价方面，仅有的定量评价主要集中在体质监测方面，体育学业质量其他方面的评价多以定性为主，学生在哪个学段学到什么程度了，下一个学段如何接着上一学段学习，基本上处于模糊状态。因此新时代体育教学改革提出的新要求中，需要按照体育课程一体化思路，进一步完善和优化课程结构，使得体育课程能发挥其全面、系统、有效的育人价值。

1. 体育课程应有一个完整而系统的结构

课程结构是课程各部分的配合和组织，是课程体系的架构。体育课程结构包含课程理念、课程目标、课程内容、课程实施、课程评价等诸多方面，这些方面合理呈现，构成一个完整有序的体育课程体系。体育课程应该有一个属于本学科的独特的结构体系，这里的"结构体系"，有总体系和子体系之分。"总体系"是指体育课程理念、课程目标、课程内容、课程实施、课程评价诸方面要建立一个联动机制，同时有一条明确的主线——育人。体育课程一体化研究已经创建了"五大联动机制"，即"生本化"理念、"层次化"目标、"结构化"内容、"多样化"实施、"多元化"评价五个方面形成联动效应。"子体系"是每个方向都有其丰富的内涵和具体的内容体系构成。

第一，"生本化"理念应包含：落实"健康第一"的理念，突出"综合性"；强调"享受乐趣"的理念，体现"娱乐性"；遵循"以体化德"的理念，回归"教育性"；注重"人人受益"的理念，尊重"差异性"；重视"终身体育"的理念，把握"实践性"；等等。这些理念的突出特点是更加强调"以学生的发展为本"。

第二，"层次化"目标，从课程总目标到分段目标再到课堂目标，依次呈现更加具体和可操作的特点。总目标聚焦核心素养，学段目标围绕"知识、能力、行为、健康"，课堂目标从"知识技能学习目标、体能素质锻炼目标、情感品格培养目标"进行设置等。学段目标是核心素养目标的分项设置，课堂目标的达成有利于学段目标的实现，这一目标体系的特点是更加突出"层次感"。

第三，"结构化"内容。一是把课程内容划分为必修必学和必修选学，《指导纲要》明确提出："组织开展逻辑清晰、系统连贯的结构化内容体系的教学。重点教会学生健康知识、基本运动技能和专项运动技能。其中，健康知识与基本运动技能作为体育课必修必学内容要在中小学广泛开展，专项运动技能作为必修选学内容，中小学校结合实际有选择地开展。"二是每节课的内容也有结构化要求，《指导纲要》提出："每节课应该包括10分钟左右的基本运动技能、20分钟左右结构化运动技能学练及组织对抗性比赛和放松拉伸等。"这里的每节课10分钟的基本运动技能可以通过准备活动、体能练习部分等完成，在准备活动部分通过基本运动技能达到一般性准备活动的目的，体能练习中通过基本运动技能达到身体素质某方面的锻炼与提升。

第四，"多样化"实施。《指导纲要》明确提出："根据各学段教学目标，合理选择多元化教学模式和多样化组织方式，因地制宜、因材施教，增强体育教学方式改革的有效性、可行性。"体育课程一体化研究曾系统提出："学、练、赛"学习方式要综合应用；课内外、校内外要联合开展，尤其要做好家校联合；"行政班级授课制"与"体育选项走班制"灵活安排。该实施体系的特点是"协同性"，即多种形式协同发挥作用。其中，《指导纲要》在"学、练、赛""体育选项走班制"等方面都有所强调。

第五，"多元化"评价。体育课程一体化研究借鉴课程标准评价建议，提出了"多元化"评价方案，聚焦学生的体育学习，建构了宏观层面的学段评价、中观层面的课堂评价、微观层面的运动能力评价3个递进又关联的评价体系。学段评价围绕"知识、能力、行为、健康"；课堂评价围绕"乐、动、会"；运动能力评价包括基本运动能力评价和专项运动能力评价，均划分为6个等级，专项运动能力评价还突出"实景下的组合技能应用"等。体育课程评价体系的突出特点是"服务性"，即运动能力评价服务于学段评价体系中对"能"这一指标的测评；体育课堂强调"乐、动、会"，是从学生学习的角度评判课堂质量，更有利于教师转变观念，做到"以学定教"，有效促进学生对知识的掌握、能力的提升与良好体育行为习惯的形成，从而促进学段目标的达成，最终有利于促进体质健康。

2. 改善体育课程结构应始终坚持育人导向

就体育课程结构而言，无论如何完善与优化，都需要紧紧围绕和坚持明确且又始终不变的育人导向。《指导纲要》反复提及"综合育人"，体育课程结构的改善，自然也要将"综合育人"作为课程体系建构永恒不变的追求和目标导向。其中，"生本化"理念完全是以学生的发展为本提出的，基于学生的发展，又为了学生的发展。关于"层次化"目标，无论是总目标、学段目标，还是课堂目标，都是从学生的学习与发展角度提出的。关于"结构化"内容，无论是必修必学与必修选学，还是具体内容的设置，都充分考虑了学生日常生活、比赛或健康促进等的需求。关于"多样化"实施，无论是推行"体育选项走班制"，还是"学、练、赛"活动系统组织，既满足运动兴趣，又促进技能与运动能力形成，也都是为了学生。关于"多元化"评价，《指导纲要》提出："丰富评价内容，倡导开展多元性评价，注重对学生语言表达（是否能说出）、动作表现（是否能做对）、能力体现（是否能会用）等的多方面检验，完善评价方式，提升评价效果。""打破以往只对运动技术、体质健康等某一方面的评价，要更加注重'知识、能力、行为、健康'综合评价指标体系的建立。"以上这些都足以反映出，改善体育课程结构充分体现了更全面、更系统地育人。要真正地使体育教学改革落到实处、见到实效，如果不能完善和优化课程结构，使其发生系统性改变，就很有可能无法实现真正意义上的改革与发展。

三、建立"多元形式"的突破

长期以来，体育课程在具体实施的时候，采用的往往是"行政班级授课制"组织形式。《指导纲要》提出了两种新的组织形式，即"体育选项走班制""体育俱乐部制"。对于一所学校而言，能否在改革中实现建立"多元形式"的突破，这不仅需要从认识上对"多元形式"有高度的认同，而且还要解决"多元形式"如何有效实现的问题。

1. 体育课组织形式"多元化"是必然趋势

纵观以往的体育课堂组织效果，传统单一的按行政班级授课的组织形式存在一定的局限性，而不同学段学生不仅在生长发育、认知发展等方面存在明显的规律性变化特征，而且同一学段学生个体之间在兴趣爱好、运动需求等方面也并非相同，因此打破原有传统单一的组织形式十分必要，这也是更好地贯彻"以学定教"综合育人的必然趋势。《指导纲要》提出，"打破传统的体育课堂教学组织形式的局限性，积极探索与适当增加'体育选项走班制'教学组织形式。"除此之外，对不同学段也有不同的要求："义务教育阶段，在原有按'行政班级授课制'完成必修必学内容学习的基础上，小学高年级可增加学生的自主选择性，选择自己喜爱的运动项目进行学习，有条件的学校可采用'体育选项走班制'组织教学。初中在'体育选项走班制'的基础上，可适当增加'体育俱乐部制'，丰富完善组织形式，提高学生的参与兴趣，加强必修选学内容的学习。高中以'体育选项走班制'为主，通过'体育俱乐部制'组织形式，满足学生的运动兴趣和专项化发展需求。"不难看出，小学、初中、高中结合各学段特点，其组织形式要求是有变化的，在选择自己喜爱的运动项目学习的时候，对于小学高年级有条件的学校可以采用"体育选项走班制"，初中在此基础上可适当增加"体育俱乐部制"，高中可以更为突出些。从三个学段来看，小学、初中、高中组织形式的变化可以理解为"行政班级授课制 + 体育选项走班制""行政班级授课制 + 体育选项走班制 + 体育俱乐部制""体育选项走班制 + 体育俱乐部制"，尽管都呈现出多元化，但多元的组织形式内容是不同的。总之，无论哪个学段，组织形式"多元化"都是深化改革过程中的必然趋势。

2. 不同学段的组织形式呈规律性变化

不同学段组织形式的变化实际上是有规律性的，即随着年龄特征和所学内容的变化而改变。从小学到初中再到高中，随着学生年龄的增长，其认知水平也在不断提高，独立性和自觉性也随之发生变化，其对运动项目的喜爱也越来越明确，不同学段需要学习的内容也会发生结构性改变。基于此，就必修必学和必修选学的内容分布上来讲，二者的比例随学段提升而发生变化，必修必学内容占比越来越少，必修选学内容占比越来越多。按照两办《意见》和《指导纲要》提出的，必修必学内容主要集中在"健康知识 + 基本运动技能"两大方面，基本运动技能内容会随着学段的提升而逐渐减少，又因为必修必学的内容可以通过"行政班级授课制"来传授，这就势必会在组织方式上有一定的变化，小学"行政班级授课制"所占比例相对较高，初中次之，高中以"体育选项走班制"为主，所以有些必修必学内容可以融入"体育选项走班制"课上传授。对于必修选学的内容而言，通过"行政班级授课制"很难实现，所以小学高年级以上可以采用"体育选项走班制"，且逐渐过渡，直到高中阶段，学生的独立性、自主性越来越强。选项教学已经在《普通高中体育与健康课程标准（2017年版）》中有明确规定，《指导纲要》也再次强调，所以高中就可以以"体育选项走班制"形式为主开展体育课教学活动。相比较而言，"体育俱乐部制"组织形式更加灵活，给予学生的自主空间更大，尤其对于已经掌握一定运动技能的学生而言，通过该组织形式更能满足其对专项运动练与赛的需求（当然，也会有一定程度的学，但这种学并非零基础，是提高、深化与拓展性的学），多数学校可能会在课外活动中采取该形式，但这种俱乐部制也可以用于体育课上，更能满足学生对运动的发展需求，正如《指导纲要》提出的"形成一校多品、一生一长的体育教学改革实效"。

四、提升"整体质量"的突破

体育教学改革的目的是要通过提升教学质量，更好地促进学生身心健康全面发展，但这并不是改革期望的提升质量的全部。所谓要提升"整体质量"，除了课堂质量，还有学校体育场地器材质量、体育教师发展质量等。三者关联程度大，只有三者的质量均同步提高，最终的改革才能更见成效。只有"整体质量"提升有所突破，才是改革真正所希望看到的结果。

1.体育课堂质量提升是核心

体育课上得好不好，是体育课的质量体现，对学生的影响差异是巨大的。体育课没有上好的话，学生的收获不明显，学生的发展更难以促进，所以体育课堂质量提升是核心与关键。那么，体育课堂质量高低的标志是什么，也就是说，用什么来衡量其高与低。一是教案等备课环节准备充分。这是上好课的前提，没有好的准备就难以上出好的课，因为体育课不是不要教案跟着感觉走的课。二是学生开心快乐，能够享受乐趣。体育课需要寓教于乐，学生不开心，难以积极参与，就难以见到学习的成效。所以，乐与不乐，以及乐的程度直接可以反映体育课堂教学效果。三是学生积极主动、科学合理参与学、练、赛等各项活动。这样的参与才能够把学生教会，所以学生在学习过程中的学习态度、学习过程、学习结果都在一定程度上反映着体育教学质量。而且，未来评价教师的要求也发生了相应的变化，《指导纲要》提出"将体育教师对'教会、勤练、常赛'的理解和把握，灵活驾驭体育课堂的能力改善情况……"等作为督导评价教师的重要方面。

2. 支持系统质量提升不可少

影响体育教学质量的因素是多方面的，其中有一些起着直接影响作用的因素，如场地器材条件、体育教师专业素养发展水平等。就场地器材条件而言，可以划分为几个层次：一是不仅数量多，质量也有保障，能够充分满足打造高质量体育课堂的需要；二是数量有限但质量好，这在一定程度上对体育教学也能发挥促进作用；三是数量充足但质量一般，有的质量上还存在安全隐患，但由于数量多也有一定的正向促进作用；四是量不足质不优，对体育教学质量的提升难以发挥应有的作用。因此，要提升体育教学质量，场地器材条件要有明显改善。就体育教师专业素养发展水平而言，不同专业素养水平的教师所上的课差异显著。要确保打造高质量体育课堂，体育教师就要不断提升专业化水平。需要转变观念的要首先转变观念；需要提升技能的要结合新时代提出的新要求，提升专项技能水平；还有的需要在新的组织形式和多元评价上下功夫，熟练掌握且能灵活运用。

除此之外，体育教学改革并不是依靠某一机构或部门就能够落实好的，也不是依靠哪位领导或教师就能完全达成改革目标的，而是需要政府、学校、家庭等多层面，需要领导、校长、老师、学生、家长等多群体齐抓共管形成合力才能实现的。一旦在"齐抓共管"上有所突破，就能够大大促进改革深化与质量优化。

第四节 《指导纲要》落实的评估反馈

评估反馈是贯彻落实《指导纲要》必不可少的一环，如何对落实情况进行督导评估，《指导纲要》中明确提出分别对教育行政部门、学校、教师、学生等层层开展督导评估。而具体应如何做，如何精准做，既需要建立督导评估标准，也需要有具体的操作方式方法，并及时反馈评估效果，形成"贯彻落实—督导检查—评估反馈—完善推进"的落实机制，从而快速推动体育教学改革，真正为全面育人做好、做强基础性和保障性工作。

一、《指导纲要》落实的督导评估

《指导纲要》落实的到位程度，不仅能够反映各地各学校等的重视程度，还能反映出学校、教师、学生等的改变程度。这就需要对《指导纲要》落实情况进行有效的督导评估。要做好该项工作，使其发挥积极的推动作用，需要把握好以下几个"注重"。

一是注重督导评估的责任分工，这涉及谁来督导评估的问题。不仅要有行政主管部门组织协调，而且要有专家团队具体落实督导评估工作，包括督导评估标准的建立、分层督导方案的研制以及督导评估操作流程等，都需要专家们从专业的角度进行系统规划。

二是注重督导评估的标准建立。考虑督导评估的标准应从哪些维度建立，就需要先确立督导评估的范围和对象，是对教育行政部门落实《指导纲要》的情况进行督导评估，还是对学校层面进行督导评估。二者有一定的区别，各有侧重，但目标一致，都是督导评估《指导纲要》落实具体情况。前者的标准框架的指标更加聚焦于行政工作开展的情况，当然也会包含具体体育教学改革的成效，后者则更加倾向于专项业务，尤其是改革成效将会作为重要指标进行督导评估。不同的指标按重要程度可以设置不同的权重系数，但也要考虑地方差异，要有灵活机动的评估空间，避免一刀切。但总体上而言，无论从哪个角度研制督导评估标准，都要力求达到客观、科学和精准。

三是注重督导评估的及时跟进。无论是督导评估标准体系的建立，还是具体的督导评估工作，作为教育行政部门要始终做好及时跟进工作，不袖手旁观，不得过且过，不做花架子工程等。只有身体力行及时跟进，才能将督导评估工作真正地落到实处，被督导单位和部门才能更加重视，避免欺上瞒下的虚假督导现象发生。

四是注重督导评估的过程优化。要优化督导评估的过程，需要从"严、实、新"做起。所谓"严"就是严格按照流程开展督导评估工作，整个流程都严格执行各项相关任务，只有这样才能使督导结果更加客观。所谓"实"就是切合实际，由于区域间、学校间都存在一定差异，因此在督导评估的时候既要有相对统一的标准，也要从实际出发。所谓"新"就是督导评估既要结合《指导纲要》与时俱进研制新标准，又可考虑引入新技术手段如人工智能测评，以提高客观性和精准度等。

二、《指导纲要》落实的结果反馈

注重督导评估的结果反馈，就是要正确认识督导评估结果，并充分利用督导评估结果促进体育教学改革的发展。因此需要做好以下几方面的工作。一是要明确向谁反馈。是向社会反馈，还是向督导单位或被督导单位反馈。明确反馈对象，有利于将反馈内容做适当侧重性调整。对不同的反馈对象，重点反馈内容有所不同，应抓住重点和关键。二是要确保反馈的内容客观真实。反馈的内容越客观、越真实，越能反映出真正的现实，即便是问题很多或体育教学改革还未能取得显著成效，都不必担忧，只要进一步查找问题，并分析问题产生的根源，就能更好地推进改革工作落实、落细。三是把握好反馈方式。是撰写成各类报告呈交反馈，还是召开会议集体反馈；是一对一指导性反馈，还是网上通报式反馈。不同的反馈方式所起的反馈作用是有一定区别的。当然，可以按需反馈，即根据需要完成反馈内容等。四是跟进反馈效果。也就是说，反馈后发生了哪些变化，被督导单位是否根据督导结果进行了整改，尤其是对存在的问题做出了哪些反应，是否有进一步完善的措施，是否发生了新的变化，等等。

不同群体对《指导纲要》的理解和感悟

一、专家学者对《指导纲要》的理解与感悟

毛振明：深化体育教学改革，实现"教会、勤练、常赛"

北京师范大学体育与运动学院首任院长、全国学校体育联盟（教学改革）主席、博士生导师毛振明教授，对《指导纲要》进行了归纳和梳理，并做了如下解读。

1. 在体育课程中落实习近平总书记"四位一体"的指示精神

习近平总书记在全国教育大会上要求要帮助学生在体育锻炼中"享受乐趣、增强体质、健全人格、锤炼意志"。这也是对体育课程教学的基本要求。那么如何在体育课程教学改革中贯彻"四位一体"的指示精神呢？《指导纲要》对此指明了方向。

享受乐趣：就是要在体育教学中增加游戏与比赛，让学生真正享受到竞争与表现的乐趣，并在运动的真正乐趣中有效锻炼、掌握技能、提高能力。

增强体质：就是要在教学中注重发展学生身体素质，根据学生年龄、性别，以及教材、课型、场地和气候等，科学安排运动强度，合理设计练习密度，开展"课课练"。

健全人格：就是要在体育教学中育体、育智、育心，通过全员参与的竞赛活动塑造活泼开朗、与人为善、团结协助、遵守规则等良好品格。

锤炼意志：就是要在有强度、有难度的体育活动中锻炼学生不畏困难、不怕吃苦、不惧失败的意志品质。

2. 实现有效体育教学，切实帮助学生掌握 1 至 2 项运动技能

形成以"教会、勤练、常赛"为基本特征的有效体育课程教学过程，要彻底打破"上了 12 年体育课没有掌握运动技能，也没能很好地锻炼身体和学到知识"的课程困境，这是《指导纲要》的思想主线，也是各项措施的出发点和归宿。《指导纲要》的各项措施是实现《"健康中国 2030"规划纲要》提出的"到 2030 年，基本实现青少年熟练掌握一项以上体育运动技能"和《关于加强与改进新时代学校体育工作的意见》中提出的"义务教育阶段体育课程帮助学生掌握 1 至 2 项运动技能"要求的基本保障。《指导纲要》以"教会、勤练、常赛"并很好地掌握终身体育所需运动技能为主旨，为今后的体育课程教学改革和提高体育教学质量指明了方向。

3. 构建科学有效的课程教学新模式

要实现"教会、勤练、常赛"，就必须消除以往体育教学中存在着的"蜻蜓点水、低级重复、浅尝辄止、半途而废"的不良教学现象，而能消除不良教学现象的新模式，就是《指导纲要》提出的"体育选项走班制"教学组织形式。《指导纲要》要求：在按"行政班级授课

制"完成必修必学内容的基础上，有条件的学校可采用"体育选项走班制"组织教学。初中在"体育选项走班制"的基础上，可适当增加"体育俱乐部制"的教学，以满足学生运动兴趣和专项发展的需求，形成一校多品、一生一长的体育教学改革实效。

4. 强化健康知识、基本运动技能和专项运动技能三位一体教学

《指导纲要》指出：体育课程教学长期存在着"繁（项目繁多）、浅（蜻蜓点水）、偏（缺乏系统）、断（学段脱节）现象"，要求体育课程要聚焦教会学生健康知识、基本运动技能和专项运动技能。

健康知识是各学段学生应知应会的，包括健康行为、生活方式、生长发育、青春期保健、心理健康、传染病预防、公共卫生事件应对、安全应急与避险等内容。

基本运动技能包括走、跑、跳、投、滚翻、攀爬、钻越、支撑、悬垂、旋转等动作发展内容。

专项运动技能包括足球、篮球、排球、田径、游泳、体操、武术、冰雪运动等专项运动的技能。

《指导纲要》要求："健康教育每学期4课时，按照各学段规定应学习的健康知识，参考健康教育教学指导，有效组织教学工作。体育课的时间中小学一节40（或45）分钟，每节课应该包括10分钟左右的基本运动技能、20分钟左右结构化运动技能学练及组织对抗性比赛和放松拉伸等。"

5. 形成能"教会、勤练、常赛"的有逻辑性、系统性和衔接性的教学体系

《指导纲要》指出："教会"的程度依据学段目标不同而确定，最终达到学生能够在日常生活或比赛场景中灵活自如地运用；"勤练"

要结合不同学段学生特征，组织练习的方式应体现小学基础期趣味化、初中发展期多样化、高中提高期专项化等特点。"常赛"要面向全体学生，根据体育教学内容合理组织每堂课上的教学比赛，结合体育课堂教学组建班队，要周周打比赛，周六周日可组织全校体育比赛，以赛促练。

6. 建立科学、可操作性强的发展性评价指标体系

《指导纲要》要求："要打破以往只对运动技术、体质健康等某一方面的评价，要更加注重"知识、能力、行为、健康"综合评价指标体系的建立。为增加评价方式的便捷性、评价结果的精准性，鼓励引入人工智能等评价方式。"

要改进知识评价，建立知识测评题库，通过试卷纸笔测试、线上网络测试、随堂口头测试、组织开展活动测试等相结合的方式实施。

要突出能力评价，要针对基本运动能力和专项运动能力进行重点评价。基本运动能力按照各学段要求的基本运动技能确定评价内容，专项运动能力评价依据专项运动技能的学习内容确定评价内容，注重对学生运用知识能力及比赛能力的评价。

要完善行为评价，鼓励利用大数据平台实施体育家庭作业制度，评价学生体育锻炼行为与习惯，强化对学生团结协助、勇于拼搏等优良品格的评价。

要强化健康评价，对标《国家学生体质健康标准》，评价中小学生的体质健康水平并及时向家长反馈，便于做好家校体育共育工作。

7. 建设胜任高质量教学所需的体育教师队伍

为保障体育教学质量，促进学生全面发展，《指导纲要》要求："中小学各学段根据学校实际适当增加每周体育课时，义务教育阶段

可每天 1 节体育课，高中阶段保障每周 3 节体育课以上。"

关于强化体育师资队伍建设，《指导纲要》要求：要配齐配足各级教研员，要按需引进体育师资，要鼓励优秀退役运动员进入体育教师和教练队伍中，要积极吸纳社会力量，通过购买服务，引入社会体育机构的专业教练。

关于体育教师的工作量，《指导纲要》要求："中小学体育教师每周基本教学工作量保障 12 课时，并将组织大课间、带队训练、指导比赛、体质监测等活动计入教师工作量。"

关于体育教师专业素养提升，《指导纲要》指出：要系统规划对体育教师分层分类培训，每位教师每年要参与不低于 1 次的培训活动，逐步提高全体体育教师的专业化水平和教育教学能力。

关于农村体育教师发展，《指导纲要》要求：要通过送教下乡、城乡结对、连片教研等活动切实帮助农村体育教师成长。

关于兼职体育教师专业素养的提升，《指导纲要》要求："通过加强基础性与专项化相结合的培训，不断提升兼职教师对体育课堂的驾驭能力，从而提高教学质量。"

8. 配好高质量教学所必需的体育场地器材

《指导纲要》指出：（1）各学校要优先发展"一校多品"运动项目的场地器材，满足选项教学需求。（2）鼓励有条件的学校修建体育场馆或风雨场地，确保风雨雪霾天气能够正常开展体育教学工作和课外体育锻炼。（3）配备符合质量标准的体育器材，确保场地器材有效安全地使用。（4）积极开发社会体育资源，鼓励社会体育场馆免费或低消费向学校开放。

彭庆文：《〈体育与健康〉教学改革指导纲要（试行）》的时代意义、特征与实践期待

湖南怀化学院体育与健康学院院长、清华大学首届体育学博士、硕士生导师彭庆文教授，与怀化学院于天然博士一起从时代意义、特征与期待对《指导纲要》进行了解读。具体内容如下。

1.《指导纲要》的创新点

（1）为体育与健康课程的目标指明了新的战略要求

《指导纲要》在改革目标中强调了习近平总书记在全国教育大会上提到的"享受乐趣、增强体质、健全人格、锤炼意志"，实际上也明确了新时代体育与健康课程的目标导向，这对于进一步修订《体育与健康课程标准》指明了新的战略要求。

（2）为体育与健康课程的教学内容设计拓展了新的发展空间

《指导纲要》指出应当优化教学内容，即"积极消除体育课程教学长期存在的繁（项目繁多）、浅（蜻蜓点水）、偏（缺乏系统）、断（学段脱节）现象，组织开展逻辑清晰、系统连贯的结构化内容体系的教学"。并且提出在组织形式上要体现小学体育趣味化、初中体育多样化、高中体育专项化的阶段特征，这就明确指出学校体育改革需要为我国学校体育教学内容增添新的结构元素，探索新的组织模式，注入新鲜血液。

（3）为体育与健康课程的教学改革提出了新的实践路径

《指导纲要》明确提出了"教会、勤练、常赛"的学校体育教学基本路径，并且要"构建科学、有效的体育与健康课程教学新模式"，

还要积极探索"体育选项走班制""体育俱乐部制"等教学组织形式，来"帮助学生掌握 1 至 2 项运动技能，促进中小学运动能力、健康行为、体育品德等核心素养的形成"。这些在方法层面的新提法，既明确了基本路径，又鼓励推陈出新，为体育学校体育教学方法改革提出了新的发展路径。

（4）为体育与健康课程的评价提出了新的体系和方法

《指导纲要》强调"丰富评价内容，倡导开展多元性评价""打破以往只对运动技术、体质健康等某一方面的评价，更加注重'知识、能力、行为、健康'综合评价指标体系的建立""为增加评价方式的便捷性、评价结果的精准性，鼓励引入人工智能等评价方式"，并强调"改进知识评价""完善行为评价""突出能力评价""强化健康评价"四方面的改革，这对体育与健康课程评价的进一步完善提出了新的体系和方法。

（5）为体育与健康课程的组织实施构建了全面的制度保障

《指导纲要》从"组织管理""课时保障""师资保障""场地器材"等角度强调组织保障应当注意的问题。在组织管理方面，指出："完善体育教学工作的顶层规划，明确工作任务、人员配备、责任分工、条件保障、经费投入、推进实施等，督促中小学开展高质量体育教学工作。"在课时保障方面，指出"为保障体育教学质量，促进学生全面发展，将开齐开足上好体育课落到实处"。在师资保障方面，指出："强化师资队伍建设，配齐配足各级教研员，发挥重要的体育教学改革指导作用。"在场地器材方面，指出："优先发展学校所开设的'一校多品'运动项目的场地器材，满足选项教学需求。在基本保障正常体育教学工作需要的基础上，鼓励有条件的学校修建体育场馆或风雨场地，确保风雨雪霾天气能够正常开展体育教学工作和课外体育锻炼。"这样全面的阐述，确实为体育与健康课程的有效实施构建了比较实在的制度保障。

2.《指导纲要》的特征

（1）体现了党和国家对学校体育最新的指导思想和发展要求

习近平总书记曾在 2018 年全国教育大会上指出：要"帮助学生在体育锻炼中享受乐趣、增强体质、健全人格、锤炼意志"。这是在国家层面对学校体育提出的新的目标要求。《指导纲要》据此确定了体育与健康课程"四位一体"的改革目标，并针对各个目标给出了明确的、科学的定义，具有很强的时代感。

（2）紧密结合了最近最新的体育教育教学研究成果

《指导纲要》提出要"从综合育人、培养体育核心素养的高度和体育课程一体化的思路，强化'教会、勤练、常赛'过程和结果"，要探索实施和推广"体育选项走班制"，要建立"知识、能力、行为、健康"综合评价指标体系等，这些都是近些年体育教育教学的热门话题，已经具备了比较扎实的理论与实践研究基础，通过《指导纲要》得到强化，也进一步明确了体育与健康课程改革的研究方向。这个特点也反映出《指导纲要》对进一步修订《体育与健康课程标准》具有指导意义。

（3）强化了体育与健康课程"以体育人"的综合育人价值

《指导纲要》明确提出要"注重学科融合与课程思政，在中华优秀体育文化传承的同时，鼓励适当在体育教学中开展情境式跨学科主题教育教学活动"，在各个学段通过必修必学、必修选学，掌握"健康知识＋基本运动技能＋专项运动技能"，这就进一步强化了体育与健康课程的"以体育人"的价值，这是基于对体育学科的深刻认识提出的新时代要求，也对体育工作者提出了新的素养要求。

（4）突出了学校体育要围绕"教会、勤练、常赛"全面改革的要求和一体化设计思想

《指导纲要》提出要"创新教学过程"，要"全面把握'教会、勤练、常赛'一体化系统性教学思路与方式"。可以说，近年来，王登峰司长提出"教会、勤练、常赛"的学校体育基本路径，在《指导纲要》中得到了比较详尽的阐述，并且要求围绕"教会、勤练、常赛"创新课程模式和方法，按照"以学定教"的观念系统设计贯穿学校教育的全过程，切实提高体育与健康课程实效，实施全员、全程、全面的体育教育改革；横向上也提倡把校内外的体育锻炼和体育竞赛联合起来。这也是第一个提倡把贯穿k12教育全程的体育教育进行统一设计的官方文件。

（5）全面而具体地提出了体育与健康课程的评价方法与保障要求

《指导纲要》从"知识、能力、行为、健康"四个方面提出了体育与健康课程的评价新体系，这是对体育学科核心素养的具体化。保障方面也从"组织管理""课时保障""师资保障""场地器材"等方面厘清了责任与要求，比如对体育教师每周12节课的课时工作量要求，对于长期不知道自己应该承担多少具体工作量的体育教师实在是个好消息。场地器材方面注意到了在不良气候条件下的场地保障问题，也是切中要害，为重视室内体育场馆的建设提供了一个很好的依据。

（6）尝试在"以体育人"层面整体性指导解决学校体育改革过程中出现的问题和矛盾

这是《指导纲要》文本潜在的一个特点，它针对的是近些年来我国青少年体质整体下降的趋势没有根本性改变，青少年课外体育活动减少，学业负担加重，近视率升高，学校竞赛形式单一、学生参与热情不高，竞技体育后备人才培养乏力，学训矛盾突出、体育与健康课程改革实效性不强等现实问题，不再徘徊于知识、技能、体能、态度、精神等层面，试图在"以体育人"这样一个更高层面，把"健康第一、生命教育、体教融合"等学校体育的改革理念与方向统一落实在这份《体育与健康》的教学改革指南中。其核心思想就是：围绕"教会、勤练、常赛"的基本路径，通过一体化的课程设计与实施，实现"享受乐趣、增强体质、健全人格、锤炼意志"的育人目标。

3.《指导纲要》的实践期待

《指导纲要》的先进性毋庸置疑，如何在接下来的实践中贯彻实施？除了《指导纲要》的具体布局与要求外，我们还有几个期待。其实，这些期待在一定程度上也是我们现实中可能缺失或者需要进一步深入探讨的东西。

（1）期待运动文化传播与体育课程思政教育的高度融合

"以体育人"重在实践，实践中的体会与感悟是最好的课程思政，让学生体会与感悟什么？在什么时候才能得到思想感悟与升华？这是我们需要高度重视的问题。这是一个在《指导纲要》的实践过程中绕不开的话题，也是我们挂在口头上，但总是落实不好的问题。体育与健康课程可以给学生带来不同层次的运动与健康的文化感悟，尤其是运动文化，这是我们培养人的主要"食粮"，体育课程思政要充分运用好运动文化，在体育实践中传播运动文化，践行课程思政。期待在《指导纲要》的实施过程中有所突破，突破的路径重点在"常赛"。

（2）期待出现多种各具特色的体育课程模式，让体育课程在实践中成为一门有思想的课程

因为课程模式、课程教学模式、教学模式的概念经常混用，这里统称"课程模式"。国外自20世纪中期以来，针对传统以技术为核心的教学模式存在的诸多弊病，以及社会发展产生的问题对学校体育所提出的挑战，许多体育课程专家学者提出了各种体育课程教学模式，如"领会教学模式""情景教学模式""运动教育模式"等，国内的体育课程模式研究现在以华东师范大学季浏教授团队创建的中国健康体

育课程模式最为有名。一个课程模式的提出一定是以问题为导向的，能否解决问题是评价一个课程模式的最终标准。体育与健康课程的对象与环境，以及拟解决问题的多样性，导致了《指导纲要》的实施过程中需要不断创新课程模式，尤其是体育教师自己能够因势利导地创造与运用不同的课程模式，以实现"享受乐趣、增强体质、健全人格、锤炼意志"的课程目标。这样一来，体育与健康课程就有了自己的思想和灵魂，这也是我们广大体育教师亟须改变和提高的地方。

（3）期待"常赛"成为《指导纲要》实施的重要抓手

体育的育人价值，更多地体现在各种比赛场景中，包括运动员和观众，这是体育育人的一个重要特点。"教会、勤练、常赛"是一个前后有逻辑关联的系统，简单来讲，就是"学以致用，用以育人"。其中，"常赛"是抓手，直接带动"教会"和"勤练"。对于"常赛"的内涵理解，笔者认为，不仅应使班级体育竞赛常态化、年级体育竞赛和全校体育赛事全员化，还要拓展到校际和县域、市域竞赛规范化、社会化乃至高水平学生赛事的产业化。那么组织什么比赛？如何全员参与？如何制订贯穿全年、全学段、全校、全课程的赛制，形成学校体育特色？如何与高水平运动赛事对接？这些问题都是需要超越传统的新问题，期待在《指导纲要》的执行过程中有创新性的实践。

（4）期待现代高科技有效融于课程评价之中

科学评价体育与健康课程的效果是一个长期困扰我们的大难题，尽管目前有体育中考，甚至有提出高考考体育的设想，但如何实现考试目的是一个很难的技术问题，搞不好可能会上升为社会问题。现在的观点都趋向于以过程性评价为重点，而校内外体育锻炼的过程性评价如何保证公平、公正、方便、快捷、准确的问题就不得不求助于现代高科技，比如实时跟踪、人工智能的引入。目前产品与平台很多，但落实仍然困难，只能起到辅助作用，期待在《指导纲要》的实施过程中，这一方面能得到长足的进步。

（5）期待运动能力等级评价标准、体育教师核心素养标准的后续出台，保障《指导纲要》的实施

《指导纲要》中有诸多的关键创新点，除了"教会、勤练、常赛"外，一体化课程建设也是一个核心内容，串起一体化课程建设中课程目标、课程内容、实施过程、评价方式这些要素的一个重要线索就是运动能力等级评价标准。有了它，就知道"有始有终"地去具体组织实施纵向衔接的一体化课程了；没有它，一体化课程实施缺乏进步的抓手，不同学段会前后衔接不上。还有一个重要的问题就是什么样的教师可以有效实施《指导纲要》？换句话说就是任教的体育教师需要什么样的基本核心素养？这个问题目前还没有答案。所以说，期待后续出台运动能力等级评价标准、体育教师核心素养标准（二者都是国家标准），保障《指导纲要》实施的质量。

（6）期待《指导纲要》真正成为新时代学校体育改革的行动指南

《指导纲要》可以说是集这些年学校体育改革的经验与探索之大成的指导性文件。以前，教育部乃至国务院的各种加强学校体育工作或青少年体育工作的文件，由于多种原因，出台后反响强烈，但宣传一阵后又差不多偃旗息鼓，缺乏落实的后劲。《指导纲要》是介于近些年相关上级文件和《体育与健康课程标准》之间的一个国家层面的指导性文件，其对体育与健康课程改革具备长期性和权威性的指导意义，这点毋庸置疑。它是教育管理部门和校长们重视体育的一个基本依据，一定程度上也是体育教师维权的一个基本依据，真心期待《指导纲要》能够排除其他干扰因素，乘风而上，真正成为新时代学校体育改革的行动指南，为"健康中国""体育强国"贡献力量。

二、中小学校长对《指导纲要》的理解与感悟

曾莹：做"有根"的"体教融合"新教育

湖南省怀化市碧桂园小学校长曾莹，以"做'有根'的'体教融合'新教育"为题，写出了自己的深刻感悟，具体内容如下。

前不久教育部印发了《〈体育与健康〉教学改革指导纲要（试行）》，这是中国第一份体育教学改革指导纲要。相较于以前出台的课程标准，这次的《指导纲要》提出了更加细致、更加系统的规定和指导。

首先，作为一名小学校长，这份《指导纲要》的出台让我倍感欣喜和欣慰。我校是在"体教融合"大背景下建立和发展起来的，为了切实践行"体教融合"，我们一直奋斗在探索和创新的道路上。这份《指导纲要》让我们在迷茫时有了指引，也更加坚定了我们"以体立校"的决心。

我校的"体育走班制"已实行两年有余，相应的课程现已成为我校的特色课程，"以体育人"的观念在学生心中已悄然萌芽并茁壮成长。如何在下一阶段的发展中提高体育课程的教学效率，切实提高学生的身体素质，是我们急需思考的问题。《指导纲要》明确提出了"教会、勤练、常赛"一体化系统性教学思路，并做出了详细的解释："教会"的是必修必学的健康知识和基本运动技能、必修选学的专项运动技能等；"勤练"要强化课内外的练习，打牢基本运动技能基础，

合理安排专项运动技能练习；"常赛"提出，课课有教学比赛，人人有参赛项目，特长生有专项联赛。这给我们带来了极大的启发，帮助体育老师厘清了教学思路。

其次，如何对学生做出全面的体育素质评价也是一个比较复杂的问题。以往的评价还停留在"运动技能"这一方面，虽然我校后期引进了"悦动圈"系统，加强了对学生的体能监测与家校互动，但是仍有缺憾。本次《指导纲要》提出了"注重'知识、能力、行为、健康'综合评价指标体系的建立"。具体而言，是要改进知识评价，采用线上线下相结合的方式评价体育与健康知识的掌握程度；突出能力评价，围绕基本运动能力和专项运动能力进行测评；完善行为评价，重点是对健康行为和体育品德的评价；强化健康评价，是对标《国家学生体质健康标准》，体现更精准的测评，及时向家长反馈学生的体测成绩，做到家校联合，更好地促进学生的健康发展。这也为我校建立全面评价体系提供了清晰、有效的指导与实施方法。

再次，《指导纲要》中的"课时保障""师资保障"无不为体育的发展打了一剂"强心针"。有了明确的规定和要求，体育课程不再是一门随意被"侵占"的课程，体育老师也不再是被边缘化的群体，这更有利于选拔、培养优秀的体育专职教师，促进体育学科的各项优化。

最后，在"以体育人"的新格局下，体育作为一门开放、灵活、包容性强的学科，与其他学科相融合是一种新趋势。利用我校原有的"体教融合"教学平台，可以把现在正在大力推行的思政课与体育课进行融合。运用思政教育充分开发体育教学中的价值，对实现培养学生的组织纪律性，发展学生的顽强进取的品质与精神意义重大。

危维：《〈体育与健康〉教学改革指导纲要（试行）》学习体会

　　湖南省第十一次党代会基层党代表、湖南省长沙市岳麓区望月湖第一小学校长危维，研读了《指导纲要》以后，写了对《指导纲要》的学习体会，具体内容如下。

　　我校是一所体育特色项目学校，是湖南省体育后备人才基地学校。十多年来，学校体操类竞技项目成绩领先全省，提出了"让学校的体操特色转化为每一个学生的体育特长"的特色发展目标，进行了智慧体育教学、体育课走班、体质健康测试、体育家庭作业打卡、"跟着校长去跑步"周末晨跑活动等尝试，努力让体育发挥育体、育智、育心的综合育人作用，让"体育见长、五育并举"的办学理念落地生根。

　　当前，学生体质健康水平、身心健康状况和学校体育课程实施方面的确存在一些薄弱环节，需要进行顶层设计、系统改革。

　　读到教育部办公厅印发的《〈体育与健康〉教学改革指导纲要（试行）》的文件全文，作为基层学校管理者，有以下几点是我特别想点赞的。

　　一是顶层设计有高度，从"培养目标"到"评价指标"形成了科学完整的闭环。《指导纲要》强调了站在综合育人、培养"体育核心素养"的角度和"体育课程一体化"的高度进行系统设计，强调要变以往只对运动技术或体质健康等的单一的评价为注重"知识、能力、行为、健康"综合素养的评价。这既符合人的全面发展、身心发展的基本规律，又从核心素养的角度和课程一体化的高度让体育教学目标设置更科学、更系统，评价更全面、更多元，形成了一个完整、科学的逻辑闭环。

二是对体育教学的指导科学具体，能有效解决当前体育课效率不高、教学随意等问题。《指导纲要》提出每个学生要掌握1至2项运动技能，各学校可根据本校实际、师资力量、学生需求等进行选择，并以结构化的模块进行教学，完成一个模块和单元的学习并经考核合格后再进入下一个模块和单元的学习，内容注重因校制宜的选择性和进阶性的统一。《指导纲要》还提出了"教会、勤练、常赛"的具体措施，对每一节课的时间分配、教学建议、学校体育赛事的开展提出了具体的实施意见。要完成好这些任务，就要扎实抓好每一节体育课的质量，所以这样科学、明确、具体的要求能很好地解决当前体育教学的随意性问题，对学校日常体育教学和管理具有非常重要的指导意义。

三是注重了对体育教师的人文关怀和体育教师队伍建设的合理安排。《指导纲要》明确指出中小学体育教师每周基本教学工作量保障12课时，并将组织大课间、带队训练、指导比赛、体质监测等活动计入教师工作量，充分彰显了对体育教师的人文关怀。的确，学校体育教师非常辛苦，他们经常需要在户外授课，日晒雨淋，组织难度更大，比室内授课需要投入更多精力。加之全社会对体育的日益重视，他们在课余时间所承担的监管、训练任务也非常繁杂，只有给了体育教师充分的尊重和关心，才能让他们更扎实有效地上好每一节课，开展好每一次活动。在体育师资的来源上，《指导纲要》也给出了具体的指导，如引进高校优秀毕业生及优秀退役运动员，引入社会机构等，为学校体育类师资缺乏提供了解决思路。

结合学校实际情况和在推进该项工作中有可能存在的困难，我想提以下两点建议。

一是单元模块教学的思路非常好，但现有的对体育教师在这方面的培训还需加强。且建议将这种"模块化、结构化教学"的技能培养放在体育教师入职前的高校、师范院校等机构中，让新入职的体育教师能掌握基本的、与《指导纲要》吻合的教学方法。缩减体育教师岗位适应的时间，优化其体育教学效能。

二是建议组织编写一些各模块教学的教材、教案以及基于"课程一体化"的系统的健康知识教案，让健康教育更科学有效，更好实施。

三、体育教研员对《指导纲要》的理解与感悟

余立峰：坚定地方教改信心，形成多样化专业支撑

浙江省教育厅教研室教研员余立峰老师，研读《指导纲要》之后，以"坚定地方教改信心，形成多样化专业支撑"为题，写出了深刻感悟。具体内容如下。

自课程标准实施二十年来，我国的体育教学改革取得了一定的成就。但是，我们也应该清醒地认识到，一些学科性难题显然还未得到彻底解决。比如，"课程标准与教学实践之间脱节问题""课程三级管理落实问题""教师队伍建设问题尤其是教学工作量问题"等。虽然课程标准提供给教师的是完整的目标体系和相应的内容框架建议，改变了以前教学大纲对内容和方法都规定得非常具体的模式，确实提高

了教学内容选择的灵活性，但是在"教什么（内容）、教到什么程度（标准）"上的不具体、不明确，加上一线教师普遍不具备系统选择教材与教学内容的能力，导致一线教师在内容的把握上显得随意、盲目，教学评价显得无助、茫然，从而带来教学效益上的无序、低效。这也造成一线教师"想教什么就教什么、想教到哪里就教到哪里"，甚至放任学生"喜欢玩什么就玩什么，想怎么玩就怎么玩"，这一现状令人担忧。

　　教育部办公厅印发的《〈体育与健康〉教学改革指导纲要（试行）》，不仅是积极回应 2020 年 10 月中共中央办公厅、国务院办公厅印发的《关于全面加强和改进新时代学校体育工作的意见》，帮助各地有效落实和发挥两办《意见》在体育教学改革中的积极作用，确立正确的体育与健康学科教学改革的方向，更是为有效解决这些突出的问题，促进《普通高中体育与健康课程标准（2017 年版）》以及即将发布的《义务教育体育与健康课程标准（2021 年版）》的有效实施，提供了具体详细的可操作策略。

1. 明确改革方向，细化教学策略，让地方改革实践更有底气

　　《指导纲要》依据两办《意见》的指导思想，明确了将在体育运动中帮助学生"享受乐趣、增强体质、健全人格、锤炼意志"作为新时代学校体育工作的目标体系。由此，体育教学改革的方向就很清晰了，无论是基本运动技能的教学，还是专项运动技能的教学，在实际各类教学设计中应充分体现运动技能学习的体验性，在体验中才会有体会，有思考，有交往，进而才可能会有困难挑战，有获得感等。体育教学要凸显教育功能，突出能力为先，帮助学生会用会比赛，亟需改变以往传统的教学模式，转向以体育运动真实情景展开教学为主的教学模式，只有这样才能有效达成以上"四位一体"目标。

《指导纲要》不仅明确了改革方向，更是提出了"教会、勤练、常赛"的教学策略。这个全新的教学组织模式，不仅非常实用，而且很有针对性地指向对体育课堂教学效果的提升。《指导纲要》的颁布，使地方特色的教学改革有了坚定的政策支撑。以浙江省这十几年来的教学改革为例，"学、练、评"一致性学校体育教学新模式与传统的教学模式最大的区别在于，一节体育课中，必须有"学练'三个一'，即一个单一身体练习、一个组合练习、一个游戏或比赛"。学习的过程、练习的过程和比赛的过程非常清晰，而且随着练习进程的推进直至比赛，学习环境不断在调整变化，但学习内容始终是不变的，因此这既保证了学习的效果，又能改善学生学习情绪。浙江省的"学、练、评"一致性课堂，学的是"单一身体练习"，练的是以"单一身体练习"为核心的组合练习，评的方式是以"单一身体练习"为核心的游戏或比赛。教师要设计一个单一身体练习的学习，在练的环节不仅要练，更要在组合练习中练，保证勤练的同时，也要提高运用能力，体验真实运动场景下的练习、游戏或比赛。虽然"学、练、评"一致性课堂教学改革已经取得了较为明显的效果，但由于仅停留在教研部门教学研究的指导层面，缺乏行政部门的政策依据，所以在推广过程中进程缓慢。《指导纲要》的颁布，使我们更有信心继续推进好这个改革，并不断改进完善实施细节，从而为全国提供浙江方案。

2. 加强队伍建设，发挥专业优势，让教学更加纯粹些

《指导纲要》"组织保障"部分的师资保障条款，明确要求"配齐配足各级教研员，发挥重要的体育教学改革指导作用"。这是深化体育课教学改革非常必要的规定之一。从各省市二十年来体育教学改革的效果看，那些教学改革取得比较满意效果的区域，往往体育教研员

配备是充足的，而且体育教研员的工作内容是以教学研究为主的。但凡兼顾行政工作的教研员，基本上工作的重心就会偏向比赛组织和其他行政方面的事务，教研工作反而变成了辅助性的。因此，在理解和把握《指导纲要》提出的"配齐配足各级教研员"时，必须要明确强调工作职责是以从事教学研究和教学改革指导为主，这才是《指导纲要》的本意。

《指导纲要》明确了以引进高校优秀体育毕业生、优秀退役运动员和购买服务等方式多渠道解决师资不足问题，充实体育教师和教练队伍，补充专项体育教学与训练所需的师资，保障学校体育教学与训练工作持续有序开展。为有效厘清学校体育教学工作中一直存在的教师与教练职责不清问题，提供了有利的解决条件。虽然《指导纲要》明确了补足教师队伍的具体路径，但现实中仍然存在一定数量的兼职体育教师，小学尤其严重。因此，需要结合《指导纲要》精神，解决好教师与教练的分工合作问题，引导和提倡专业的人做专业的事，提倡大部分体育教师做一名纯粹的体育教师。

《指导纲要》最令人振奋的一点，就是明确了几十年来悬而未决的问题，即课时工作量究竟是多少！这一直是广大体育教师解不开的心结。《指导纲要》确定了周教学工作量为12课时，将会很大程度上改变体育教师静不下心来好好研究教学的现状。在课时量大的情况下，同时又承担着组织大课间、带队训练、指导比赛、体质监测等活动的体育教师，在实际上必定会影响了体育教学工作。所以，工作量的明确，将会大大改善体育教师研究教学工作的积极性。

张纪胜：紧扣新时代体育主题 落实教学改革措施

安徽省合肥经济技术开发区社会发展局中心教研室教研员张纪胜老师，以"紧扣新时代体育主题 落实教学改革措施"为题，谈了对《指导纲要》发布的感悟。具体内容如下。

2021年6月23日，教育部办公厅印发了《〈体育与健康〉教学改革指导纲要（试行）》，是进一步贯彻落实习近平总书记在全国教育大会上的讲话精神，落实两办《意见》和体育总局、教育部《关于深化体教融合 促进青少年健康发展的意见》（以下简称《体教融合意见》）等文件精神的纲领性文件。该《指导纲要》为进一步推进体育教育教学改革，指导中小学体育教师科学、规范、高质量地上好体育课，更好地帮助学生在体育锻炼中"享受乐趣、增强体质、健全人格、锤炼意志"，促进青少年学生身心健康全面发展提供了行动指南。

1. 立德树人任务导向和新时代体育教学改革需求

（1）确立"立德树人"根本任务

2017年10月18日，习近平总书记在中国共产党第十九次全国代表大会上的报告中提出"要全面贯彻党的教育方针，落实立德树人根本任务，发展素质教育，推进教育公平，培养德智体美全面发展的社会主义建设者和接班人"。"立德树人"是党和国家提出的新时代各级各类教育的根本任务和总体要求。要把立德树人的成效作为检验学校一切工作的根本标准。教育肩负着培养合格的社会主义接班人的重要任务，全面落实"立德树人"是贯彻党的十九大精神和全国教育大会精神的重要体现。体育教育教学是德育的重要阵地，是健全人格、锤炼意志的重要载体，体育教育教学改革需要把握"立德"的任务和"树人"的责任。《指导纲要》注重落实两办《意见》和"深化体教融合"《意见》的精神，把立德树人的根本任务放在首位，全面把握体育"育体、育智、育心"综合育人的价值，构建教育行政部门、学校领导、教师与家长齐抓共管的"以体育人"的新格局。

（2）新时代体育教学改革需求

教育观念转变往往是首要的，且往往经过一番艰难的心路历程，从综合育人、培养体育核心素养的高度和体育课程一体化的思路出发，开展以学生为主体的体育课堂学习活动，满足学生的个性化发展需求，以学习者的需求确定课堂教学方式尤其重要。

为有效解决体育教学长期存在的学生学习的项目多、学不完，内容浅、学不透，排列乱、学不好以及内容重复脱节等问题，就要在体育教学中进行项目精选、内容优化、排列重组、有效衔接等一系列结构化改革，从而使得课程内容逻辑清晰、系统连贯。

"行政班级授课制"的体育课存在学生的个性需求难以满足、"以教定学"现象比较普遍、学生运动技能学习存在一定局限性等问题。探索和推进"体育选项走班制"，丰富完善组织形式，提高学生的参与兴趣，有效突破传统体育课堂教学组织形式的局限势在必行。

改变体育教学单一的、片面的评价方式，采取定量与定性评价相结合、形成性评价与终结性评价相结合、内部评价与外部评价相结合的多元评价方式，体现评价的科学性、激励性、客观性，构建"知识、能力、行为、健康"综合评价指标体系是体育教学评价改革的必然要求。

2. 全面把握新时代体育教学改革的总体要求

（1）凸显新时代思想

《指导纲要》的指导思想在贯彻落实两办《意见》和《深化体教融合意见》文件精神的基础上，突出强调"构建科学、有效的体育与健康课程教学新模式"，为体育教育教学改革指出了一条明晰的创新之路，解决体育教育教学改革向何处去的问题；指导思想中"为实现'健康中国''体育强国'作出体育学科的贡献"标志新时代特征的内容，集中体现《指导纲要》的思想高度，紧扣新时代体育"享受乐趣、增强体质、健全人格、锤炼意志"的目标。

（2）厚实教学改革内容

《指导纲要》中改革体育教学内容，把"教会、勤练、常赛"作为构建常态化、规范化、系统化的教学组织模式的抓手；提倡"合理选择多元化教学模式和多样化组织方式，因地制宜、因材施教，增强体育教学方式改革的有效性、可行性"，为创新体育教学提供足够的空间；打造高质量体育课堂，明确学生各学段特点与发展需求，"增强体育课堂教学内容逻辑性、系统性和衔接性，突出体育课堂教学方式改革的有效性、可行性"；构建发展性评价指标体系，形成"以体育人"齐抓共管机制等。《指导纲要》将创新教学与常态教学有效融合，突出了教学改革内容的科学价值和应用价值，为体育教育教学改革提供了可沿用、可复制的模式。

（3）确立教育目标主线

《指导纲要》以习近平总书记在全国教育大会上讲话的"四位一体"要求为主线，提出"在体育教学活动中注重增加游戏与比赛等竞争要素，让学生在体育锻炼中享受竞争与表现的乐趣"；以"勤练"基本运动技能实现增强体质的目标，提出"把握运动技能形成规律，结合不同项目、不同班额、不同场地器材条件等合理把握练习密度和运动强度，提高学生的运动效果"；"全面把握体育的'育体、育智、育心'综合育人的价值"，通过"全员参与的体育竞赛活动"，让每个学生成为竞赛的主体，将合作、拼搏与体验成功的快乐作为健全人格的目标；在运动强度与难度上提高要求，精心设计"一定强度""一定难度"的体育活动，培养学生吃苦耐劳、坚持不懈等优良品质。

3.突出新时代体育教学改革特点

（1）落实教学改革理念

新一轮基础教育课程改革二十年来，体育教学理念贯彻不到位，体育教学依然是"穿新鞋、走老路"。目前的体育课大都是体育教师带领的学练活动，学生围着教师转，教师仍然主宰着课堂，对学生的评价也是一把尺子量到底，缺少个性化的评价。《指导纲要》站在综合育人、培养体育核心素养的高度，沿着体育课程一体化的思路，强调学科融合与课程思政，倡导开展情境式跨学科主题教育教学活动；提出开齐开足上好体育课，明确健康教育每学期4课时，确定每节体育课的时间为40（或45）分钟，给出每节体育课的基本框架，用"左右"表述给予一定的弹性；要求课堂教学"以学定教"，把学生的习得放在首位，改变"以教定学"的教学理念；为保障体育教学质量，促进学生全面发展，鼓励义务教育阶段可每天1节体育课，高中阶段保障每周3节体育课以上；按照必修必学和必修选学科学划分健康知识、基本运动技能及专项运动技能涵盖的具体内容，把握体育运动中的规律，提出基本运动技能进阶化和专项运动技能按模块、单元教学的方式，有效处理健康知识、基本运动技能和专项运动技能的关系，为培养学生终身体育技能奠定基础。

（2）创新教学改革方略

体育教学改革既需要顶层设计，也需要设计框架下的具体教学活动。缺少可操作、可参照的范式，是教学改革止步不前的重要原因。《指导纲要》系统地提出了"教会、勤练、常赛"一体化要求，对"教会、勤练、常赛"应达成的目标给出了具体要求。如"教会"要"最终达到学生能够在日常生活或比赛场景中灵活自如地运用"；"勤练"的组织练习的方式应分别体现小、初、高三个学段教学的趣味化、多样化、专项化；"常赛"则要营造课堂教学比赛、周周打比赛等"以赛促练、以赛激趣"的竞赛氛围。为增强教学改革的示范性效果，《指导纲要》提出"鼓励各级教育主管部门组织开展基于推进体育教学改革的优秀课例展示与研讨"；推行"体育选项走班制"，提倡初中、高中尝试"体育俱乐部制"，激发学生体育兴趣，为培养终身运动技能奠定基础；在评价方面，提出要更加注重"知识、能力、行为、健康"综合评价指标体系的建立，鼓励引入人工智能等评价方式。《指导纲要》研发团队基于实验区、实验校获取的实践经验，提出相应的举措，完成了设计与实施的有效衔接，实现了教学改革措施的"落地"，回答了体育教学改革怎么做的问题。

（3）回应体育教师关切

体育教师是实施教学改革的主体，体育教师长期关注的一些问题应该得到有效解决。《指导纲要》着重提出"中小学体育教师每周基本教学工作量保障12课时"，这既体现出各学段体育教师教学工作付出没有根本性区别，也是对体育教师基本工作量的合理界定。而"将组织大课间、带队训练、指导比赛、体质监测等活动计入教师工作量"的提出，对教师的课外工作给予明确界定，给中小学落实课时标准和计算工作量提供了重要依据。这也是《指导纲要》研发团队在中小学调研时了解到的体育教师普遍关心的问题。明确界定工作量回应了一线体育教师的关切，有助于激发体育教师的工作热情，助推学校体育教学改革。

（4）压实改革推进责任

教学改革需要出台文件和制度，而过程监督和结果评价是保障文件和制度的落实效果的重要举措。第一，要强化组织保障。逐级压实管理责任，对"省级教育行政部门""地市、区县教育主管部门和学校"提出明确具体的要求。"将开齐开足上好体育课落到实处"，提出"基本保障"体育课时数，鼓励中小学各学段增加课时数；为促进体育师资队伍建设提出了系列举措，提出"中小学体育教师每周基本教学工作量保障12课时"，特别"关注农村体育教师的发展"，提出"帮助农村体育教师成长"的具体措施；在场地器材上"优先发展学校所开设的'一校多品'运动项目的场地器材，满足选项教学需求"，同时又强调场馆的安全设备升级。第二，要开展有针对性的督导评价。教育行政部门要针对"地方教育行政部门执行体育教学改革的情况进行督导评估"；学校要"落实体育教学改革主体责任的主要内容"；教师要"基于新形势、新理念对系统性'全面育人'的把握情况等纳入体育教学改革的过程与结果的主要内容"。关注学生"四位一体"目标的达成情况与实现效果。《指导纲要》为使教学改革落到实处，从组织保障和督导评价两个方面提出具体措施，双管齐下确保《指导纲要》的有效执行，为增强政策执行力创造了有效条件。

《指导纲要》把握新时代学校体育教学改革的方向，积极落实体育教学改革的政策，重视对教学改革实施的指导，体现出科学性、合理性、创新性、有效性和可操作性的特点。在《指导纲要》的指导下，我们将看到如下可喜变化：将体育教学改革融入常态化体育课堂，创新课堂教学模式，优化课堂教学结构，在已有的实验实践基础上，在各地开展试点工作，并进行精准培训，确保体育教学改革积极稳妥地推进。

四、一线体育教师对《指导纲要》的理解与感悟

张洁：把握改革内容内涵　打造高质量的课堂

成都市沙河源小学教师、成都市骨干教师、金牛区教育拔尖人才、金牛区学科带头人张洁，以"把握改革内容内涵　打造高质量的课堂"为题，谈了对《指导纲要》的感悟，具体内容如下。

《指导纲要》的研制，充分体现了中国教育科学研究院学习贯彻习近平总书记关于教育的重要论述和多年来的体育科研成果，核心内容是指导如何实现"享受乐趣、增强体质、健全人格、锤炼意志"，如何把握"教会、勤练、常赛"，从而促进育人目标的达成；提出要更新教学观念、优化教学内容、创新教学过程、完善教学评价、加强师资保障。《指导纲要》为加强和改进学校体育工作、深化体育教学改革、提高体育教学质量提供了重要的理论与实践指导，让体育教师明白了到底该"教什么""怎么教""教到什么程度"，为未来的体育教学改革提供了更加明确的方向和操作方案，使我国的体育教学更规范、更科学、更系统和更有效。

1. 我眼中的"教会、勤练、常赛"

"教会"是"以生定教"的目标，"勤练"是现在课堂必备的手段，"常赛"是构架新的教学模式的关键。"教会"是为比赛而教，是

为运动能力提升而教，是"勤练"过程中的方法手段的检测器，"教会"是技术固化、动作技能形成的基础，单纯地为教技术而教、脱离比赛没有价值可言。"勤练"是对教会技术的进一步强化，是为了在"常赛"中能够更自如地驾驭技术，获得比赛的乐趣体验。"常赛"是检验教、练和运用技术效果的途经，"常赛"也是"教会"的方法和手段。"教会、勤练、常赛"既有联系又有相对独立的侧重点。因此，我们在每课时的教学中不能让它们"单打独斗"，每课时教学内容都应该改掉以前教学繁、浅、偏、断的缺点。换言之，就是应优化教学内容，采用逻辑清晰、系统连贯的结构化教学内容，制定合理、科学、有效的"教会、勤练、常赛"的教学目标，提高教学质量。

2. "教会、勤练、常赛"的灵魂地位

《指导纲要》出台的目的最终就是实现习近平总书记在全国教育大会上提出的"四位一体"目标。学生只有在学会的基础上才能享受乐趣。这里的"会"不仅包含技术上的会，还包括战略战术和比赛中的会，只有技术的会，没有战略战术和比赛的会，学生的乐趣就不会持续和饱满，学生终身体育锻炼的习惯就难以养成。增强体质只能通过大量的有适宜负荷强度的、有乐趣的练习才能完成。锤炼意志、健全人格最有效的手段就是练习和比赛。学生在持续的负荷练习中学会了坚持，在比赛中学会了拼搏、坚持和团结，学会了竞争，学会了如何对待胜利和失败，形成了面对和适应未来人生的全人品格。因此，未来体育教学改革的理论基础和指导思想就是让学生在体育教学中"享受乐趣、增强体质、锤炼意志、健全人格"，具体方向和路径就是"教会、勤练、常赛"。

3."教会、勤练、常赛"实施心得

"教会"是指体育教师通过有趣的课堂教学活动让学生掌握各项运动的基本技术、战略战术和比赛策略。学生兴趣与情感的产生来自多种信息的刺激,比如技术动作的掌握情况、战略战术的运用自如、比赛的得心应手等。"教会"是指技术、战术、比赛都要会。

问题是按什么顺序来教呢?我认为,首先应从兴趣点出发进行分组教学,比如分成技术兴趣组、战略战术兴趣组、比赛兴趣组等(相对而言)。否则,不喜欢技术的学生,通过学习技术而失去初生的兴趣,这样很多学生就会在无兴趣的教学中,失去会的希望。

"会"是点燃兴趣、发展兴趣和保持兴趣的灵丹妙药。没有"会"就是没有教学或是无效的教学、浪费的教学。由此,技术兴趣组的学生可先掌握技术再拓展到对战略战术和比赛的掌握,战略战术兴趣组的学生可先通过战术的学习再延伸到对技术和比赛的掌握,比赛兴趣组的学生可先学比赛再掌握技术、战术。从不同兴趣点出发,殊途同归,最终达成"会"的目标。当然,不管从哪个兴趣点出发,实施教学都需要经过大量的练习活动,方能抵达"会"的彼岸,这是体育教学活动的根本规律。没有勤练,"会"只能是空中楼阁。

"常赛"是针对不赛或者少赛现象的积极回应。体育教学活动如果没有比赛,就没有爆发的激情、高光时刻的倩影、野蛮的锐度和张力。常态下,我们的教学不缺教、不缺练,就缺赛。缺赛就不会赛。不会赛,体育教学活动就失去了灵魂、灵动和魅力,就不能完成让学生在体育教学活动中"享受乐趣、增强体质、锤炼意志、健全人格"的伟大目标。

我们应该始终全力以赴创新教学过程。以我校从2020年开展的"体育选项走班制"为例,在低段完成必修必学的基础上,从中段开

始，学生自主选择喜欢的项目（学校一个年级开设了8个项目）。一年后学生的专项技能掌握得很好，其中2个项目中的学生参加全国和省市比赛并获得了一等奖。在这个过程中，教师的专业能力得到了很大提升，教师的激情也被点燃了，消除了以前行政班上课的散、懒、拖等恶习。

可见，我们的体育教学必须进行大刀阔斧的改革，从思想到设计、从内容到形式、从目标到评价都必须进行"大手术"，彻底解决不会、不练、不赛的老大难问题，彻底改变教技术就考技术的落后教学模式，促进体育教学从"课课练"到"课课赛"的全面创新，实现体育教学从"育体"到"育人"的根本转变。

《指导纲要》为加强和改进学校体育工作、指导体育教学改革提供重要的理论与实践指导，能够为全国一线体育教师提供切实有效、具有可操作性的建议，对于国家指导精神在学校体育教学工作中的落实有十分重要的意义。体育教师应该积极学习起来，实践起来，真正地以此为推手，改变体育教学模式和组织形式，推进《指导纲要》在学校体育中落地，从而提高全中国的体育教学质量。

《指导纲要》发布通知与文本

教育部办公厅关于印发
《〈体育与健康〉教学改革指导纲要（试行）》的通知

各省、自治区、直辖市教育厅（教委），新疆生产建设兵团教育局：

为全面贯彻落实习近平总书记在全国教育大会上的重要讲话精神，进一步深化体育教学改革，更好地帮助学生在体育锻炼中"享受乐趣、增强体质、健全人格、锤炼意志"，我部制定了《〈体育与健康〉教学改革指导纲要（试行）》，现印发给你们，请认真执行。

教育部办公厅

2021 年 6 月 23 日

《体育与健康》教学改革指导纲要（试行）

　　为贯彻落实习近平总书记在全国教育大会上的讲话精神，落实中共中央办公厅、国务院办公厅《关于全面加强和改进新时代学校体育工作的意见》和体育总局、教育部《关于深化体教融合促进青少年健康发展的意见》，进一步深化体育教学改革，指导全国中小学体育教师科学、规范、高质量地上好体育课，更好地帮助学生在体育锻炼中"享受乐趣、增强体质、健全人格、锤炼意志"，促进青少年学生身心健康全面发展，特制定本纲要。

一、总体要求

（一）指导思想

　　以习近平新时代中国特色社会主义思想为指导，全面贯彻党的教育方针，落实立德树人根本任务，树立"健康第一"教育理念，深化体育教学改革，强化"教会、勤练、常赛"，构建科学、有效的体育与健康课程教学新模式，帮助学生掌握1至2项运动技能，促进中小学生运动能力、健康行为、体育品德等核心素养的形成，为实现"健康中国""体育强国"作出体育学科的贡献。

（二）改革内容

　　通过深化体育教学改革，转变教学观念，全面把握"教会、勤练、常赛"的内涵与要求，使其成为常态化、规范化、系统化的教学组织模式。打造高质量体育课堂，使学生在"知识、能力、行为、健康"诸方面得到全面提升。明确学生各学段特点与发展需求，使体育教学内容更加富有逻辑性、系统性和衔接性。根据各学段教学目标，合理选择多元化教学模式和多样化组织方式，因地制宜、因材施教，增强体育教学方式改革的有效性、可行性。采用科学、操作性强的发展性评价指标体系，让体育学业质量评价更加具体、客观，建立"以评价促发展"的新生态。优化组织管理，建立健全保障机制，形成教育行政部门、学校领导、教师与家长齐抓共管"以体育人"的新格局。探索建立学生体育学习过程管理长效机制，树立体育教学管理务实创新的新形象，全面促进体育教学改革。

（三）改革目标

——享受乐趣。在体育教学活动中注重增加游戏与比赛等竞争要素，让学生在体育锻炼中享受竞争与表现的乐趣，实现从激发兴趣到形成志趣、享受乐趣的层层深入。通过组织游戏、增加竞赛、丰富内容、鼓励自主等方式，提高学生锻炼的积极性、主动性、自觉性和持久性，帮助学生有效锻炼、掌握技能、提高能力、体验成功，使其真正能够乐在其中。

——增强体质。重视在体育教学中强化锻炼、增强学生体质，要加强"勤练"，在基本运动技能的锻炼中不断发展学生的速度、力量、耐力、柔韧、灵敏、协调、平衡等身体素质。要根据不同年龄、性别、教材、课型、场地、气候等科学安排运动强度，合理设计练习密度，针对学生素质发展敏感期合理组织学、练、赛，科学推进基本运动技能"课课练"活动。要通过高质量组织课堂教学，课内外相关联开展大课间、课外体育活动、校外体育锻炼等，有效增强学生体质。

——健全人格。通过在体育教学过程中渗透社会主义核心价值观教育，培养学生的爱国情怀、社会责任感和良好的个人品质。全面把握体育的"育体、育智、育心"综合育人的价值，通过全员参与的体育竞赛活动，培养学生的集体荣誉感，塑造活泼开朗、与人为善、团结协助、遵守规则等良好品格，促进学生身心健康与人格健全。

——锤炼意志。通过体育课、体育训练和体育竞赛活动培养学生不畏困难、不怕吃苦、不惧失败的意志品质。精心设计有一定强度、一定难度的运动技能学习，培养学生吃苦耐劳、坚持不懈等优良品质，要通过组织教学比赛和竞技比赛，不断培养学生顽强拼搏、积极进取、勇敢坚毅等坚强意志。

二、主要任务

（一）更新教学观念

改变单一学习知识或某项技术的现状，从综合育人、培养体育核心素养的高度和体育课程一体化的思路，强化"教会、勤练、常赛"过程与结果，有效促进体育教学改革目标的达成。注重学科融合与课程思政，在中华优秀体育文化传承的同时，鼓励适当在体育教学中开展情境式跨学科主题教育教学活动，促进综合育人目标的实现。将"以教定学"观念转向"以学定教"，充分把握学情，注重个体差异，合理把握教师的主导作用和学生主体作用的有效发挥，促进每一个学生的健康发展。

（二）优化教学内容

积极消除体育课程教学长期存在的繁（项目繁多）、浅（蜻蜓点水）、偏（缺乏系统）、断（学段脱节）现象，组织开展逻辑清晰、系统连贯的结构化内容体系的教学。重点教会学生健康知识、基本运动技能和专项运动技能。其中，健康知识与基本运动技能作为体育课必修必学内容要在中小学广泛开展，专项运动技能作为必修选学内容，中小学校结合实际有选择地开展。

健康知识主要是中小学各学段应知应会的健康行为与生活方式、生长发育与青春期保健、心理健康、传染病预防与公共卫生事件应对、安全应急与避险等五个领域的内容，每个学段的健康教育教学工作，要基于本学段各年级应掌握的健康知识内容创新组织健康教育活动，为良好健康行为的形成和有效促进健康打下坚实的基础。

基本运动技能主要是中小学生在行走、奔跑、跳跃、投掷、滚翻、攀爬、钻越、支撑、悬垂、旋转等方面的动作发展内容，各学段基于学生动作发展和体能发展规律，各类动作在不同学段按照难度和锻炼方式进阶，形成各学段相对固定的基本运动技能锻炼内容，通过锻炼使学生在不同学段都具有相应的基本运动能力水平，有效呈现螺旋上升的基本运动技能教学特点，为日常生活和专项运动技能的学习奠定扎实的基础和提供重要的保障。

专项运动技能包括足球、篮球、排球、田径、游泳、体操、武术、冰雪运动等专项运动的单个和组合技能，各学校可以根据本校实际、师资力量、学生需求等，有选择地在教学中开展。各专项运动技能的教学，依据专项运动固有的难度和自身的特征，按结构化的方式将每个专项运动划分为多个模块和单元开展教学，学生对各模块和单元逐一进行递进式学习。专项运动的各模块和各单元之间要有进阶性，完成一个模块和单元的学习并经考核合格后，进入下一个模块和单元的学习，以此类推，呈现出更加富有逻辑性、衔接性的专项运动技能学习。

健康教育每学期4课时，按照各学段规定应学习的健康知识，参考健康教育教学指导，有效组织教学工作。体育课的时间中小学一节40（或45）分钟，每节课应该包括10分钟左右的基本运动技能、20分钟左右结构化运动技能学练及组织对抗性比赛和放松拉伸等。

（三）创新教学过程

打破传统的体育课堂教学组织形式的局限性，积极探索与适当增加"体育选项走班制"教学组织形式。义务教育阶段，在原有按"行政班级授课制"完成必修必学内容学习的基础上，小学高年级可增加学生的自主选择性，选择自己喜爱的运动项目进行学习，有条件的学校可采用"体育选项走班制"组织教学。初中在"体育选项走班制"的基础上，可适当增加"体育俱乐部制"，丰富完善组织形式，提高学生的参与兴趣，加强必修选学内容的学习。高中以"体育选项走班制"为主，通过"体育俱乐部制"组织形式，满足学生的运动兴趣和专项化发展需求。形成一校多品、一生一长的体育教学改革实效。

全面把握"教会、勤练、常赛"一体化系统性教学思路与方式，实施更有效的教学，全面提高教学质量。其中，"教会"，要遵循体育教育规律，结合学生发展特点与水平，合理把握循序渐进、因材施教、分层教学，教会学生健康知识、基本运动技能与专项运动技能，教会的程度依据学段目标不同而确定，最终达到学生能够在日常生活或比赛场景中灵活自如地运用；"勤练"，把握运动技能形成规律，结合不同项目、不同班额、不同场地器材条件等合理把握练习密度和运动强度，提高学生的运动效果。结合不同学段学生特征，组织练习的方式应体现小学基础期趣味化、初中发展期多样化、高中提高期专项化等特点。课内外与校内外练习都要注重时间充足、形式新颖、准确有效、安全保障，注重在锻炼中享受乐趣、增强体质。"常赛"，面向全体学生，根据体育教学内容合理组织每堂课上的教学比赛，结合体育课堂教学组建班队，要周周打比赛，周六周日可组织全校体育比赛，以赛促练，掀起体育锻炼的浪潮，使学生享受竞赛乐趣、更加牢固地掌握专项运动技能，培养学生的体育与健康素养。在此基础上组建校队，参与区县、地市、省等多级联赛，同时，通过比赛发现具有运动天赋的学生，注重培养其发展体育特长，为竞技体育输送人才。

（四）完善教学评价

丰富评价内容，倡导开展多元性评价，注重对学生语言表达（是否能说出）、动作表现（是否能做对）、能力体现（是否能会用）等的多方面检验，完善评价方式，提升评价效果。

打破以往只对运动技术、体质健康等某一方面的评价，要更加注重"知识、能力、行为、健康"综合评价指标体系的建立。为增加评价方式的便捷性、评价结果的精准性，鼓励引入人工智能等评价方式。

改进知识评价。主要是对体育知识、健康知识等的评价，建立知识测评题库，通过试卷纸笔测试、线上网络测试、随堂口头测试、组织开展活动测试等相结合的方式实施。小学侧重情境式测试，初中和高中可多采用主题式测试。

突出能力评价。主要包含基本运动能力评价和专项运动能力评价。基本运动能力评价按照各学段必修必学的基本运动技能确定评价内容；专项运动能力评价可依据专项运动技能学习结构化内容确定评价内容，特别要注重对学生运用知识的能力以及比赛能力的评价。

完善行为评价。注重对学生健康行为和良好品德的评价，鼓励利用大数据平台实施体育家庭作业制度，重点评价学生体育锻炼行为与习惯的养成，实现对日常锻炼情况的过程性评价；通过组织各项体育比赛，充分把握学生的品德，尤其要强化团结协助、勇于拼搏等优良品格的评价。

强化健康评价。对标《国家学生体质健康标准》，通过精准监测各学段学生对应的体质健康指标，评价中小学生的体质健康水平，及时向家长反馈，便于做好家校联合，共同促进学生的健康成长。

三、组织保障

（一）组织管理

为深化体育教学改革，省级教育行政部门要做好本省中小学体育教学改革落实方案，完善体育教学工作的顶层规划，明确工作任务、人员配备、责任分工、条件保障、经费投入、推进实施等，督促中小学开展高质量体育教学工作。地市、区县教育主管部门和学校等层层建立学校体育组织领导机构，教育主管部门一把手、学校校长等牵头，主管学校体育的领导具体落实，形成扎实推进体育教学改革的组织领导管理机制。教育行政部门组织领导和专家，及时对体育教学工作实施督促和检查，便于及时总结经验，整改教学问题。鼓励各级教育主管部门组织开展基于推进体育教学改革的优秀课例展示与研讨，加强组织培训工作等，助推体育教师的教育教学能力提升，促进其专业发展，不断提高体育教学水平和过程管理水平，提升体育教学质量。

（二）课时保障

为保障体育教学质量，促进学生全面发展，将开齐开足上好体育课落到实处，在基本保障小学1—2年级每周4节体育课，小学3年级以上至初中每周3节体育课，高中每周2节体育课的基础上，鼓励中小学各学段根据学校实际适当增加每周体育课时，义务教育阶段可每天1节体育课，高中阶段保障每周3节体育课以上。

（三）师资保障

强化师资队伍建设，配齐配足各级教研员，发挥重要的体育教学改革指导作用。按需引进体育师资，尤其是高校优秀体育毕业生和优秀退役运动员等要充实到体育教师和教练队伍中，积极吸纳社会力量，通过购买服务，引入社会体育机构有资质的专业教练，补充专项体育教学与训练所需的师资，保障学校体育教学与训练工作持续有序开展。注重对体育教师的师德培养，关心体育教师的身心健康，保障体育教学工作有质有量。体育教师教学工作强度和工作量要合理安排，有条件的学校，在教师人数充足的情况下，可适当缩小体育课教学班额，中小学体育教师每周基本教学工作量保障12课时，并将组织大课间、带队训练、指导比赛、体质监测等活动计入教师工作量。强化体育教师专业素养提升，系统规划对体育教师分层分类培训，每位教师每年要参与不低于1次的培训活动，通过强化培训，逐步提高全体体育教师的专业化水平和教育教学能力。通过培训准确把握改革方向，深刻理解和实施"教会、勤练、常赛"的具体要求，更加合理有效地组织体育课堂教学。关注农村体育教师的发展，通过送教下乡、城乡结对、连片教研等活动切实帮助农村体育教师成长。注重兼职体育教师的专业素养提升，通过加强基础性与专项化相结合的培训，不断提升兼职教师对体育课堂的驾驭能力，从而提高教学质量。加强教研平台的建设，强化体育教研活动，推动体育教师教科研能力的全面提升，更好地推进新时代体育教学改革。

（四）场地器材

优先发展学校所开设的"一校多品"运动项目的场地器材，满足选项教学需求。在基本保障正常体育教学工作需要的基础上，鼓励有条件的学校修建体育场馆或风雨场地，确保风雨雪霾天气能够正常开展体育教学工作和课外体育锻炼。配备符合学生年龄特点、发展水平和质量标准的体育器材。确保场地器材有效安全地使用和促进健康，坚决杜绝一切危害师生健康的场地器材在体育教学中使用。积极开发社会体育资源，鼓励社会体育场馆免费或低消费向学校开放，适当解决学校体育场地不足的问题，确保体育教学质量稳步提升。

四、督导评价

（一）加强对教育行政部门的督导评估

将对地方教育行政部门执行体育教学改革的情况进行督导评估，包括落实体育教学改革指导性文件的下发，落实体育教学改革具体方案的研制，督导和检查机制的建立，具体落实对学校体育工作的支持力度和达到的体育教学改革成效等纳入对教育行政部门的督导评估。

（二）强化学校落实学校体育教学改革的主体责任

将学校体育教学改革组织领导机构的建立，体育课在开足开齐上好等方面的改进与落实情况，配齐配强体育教师方面的突破性进展，体育经费的保障情况，场地器材的建设与改善情况，体育教师的培训情况，体育教师教学工作量的落实情况等纳入学校落实体育教学改革主体责任的主要内容。

（三）注重教师实施体育教学改革的过程与结果

将体育教师对"教会、勤练、常赛"的理解和把握，灵活驾驭体育课堂的能力改善情况，体育教师的专业素养与师德风范的提升水平，体育教师实际参与培训情况，尤其是培训后教育教学能力提高程度，体育教师基于新形势、新理念对系统性"全面育人"的把握情况等纳入体育教学改革的过程与结果的主要内容。

（四）强调学生达成体育教学改革的目标与效果

将体育教学改革在促进学生"享受乐趣、增强体质、健全人格、锤炼意志"的目标达成情况、核心素养培育情况，尤其是学生体育兴趣产生的程度、体质健康水平改善的幅度、健全人格培养的宽度和锤炼意志达到的深度纳入学生达成体育教学改革的目标与效果的主要内容。

五、工作要求

（一）确定试点。各地要及时确定实施体育教学改革试点的范围，并组织进行教师培训和完善保障条件。实行教改的具体方案和实施范围报教育部体育卫生与艺术教育司。

（二）教改培训。教育部体育卫生与艺术教育司将根据各地试点方案和范围，在暑假期间组织教学改革师资培训和组织实施培训，并提供相关技术资源。

出版人 李 东
责任编辑 欧阳国焰 彭 波
版式设计 宗沅书装 孙欢欢
责任校对 贾静芳
责任印制 叶小峰

图书在版编目（CIP）数据

《〈体育与健康〉教学改革指导纲要（试行）》解读／
于素梅著 . — 北京：教育科学出版社，2021.11（2021.12 重印）
　　ISBN 978-7-5191-2808-1

　　Ⅰ.①体… Ⅱ.①于… Ⅲ.①体育课—教学改革—
研究—中小学②健康教育—教学改革—研究—中小学
　　Ⅳ.①G633.962②G637.9

　　中国版本图书馆 CIP 数据核字（2021）第 213410 号

《〈体育与健康〉教学改革指导纲要（试行）》解读
《〈TIYU YU JIANKANG〉JIAOXUE GAIGE ZHIDAO GANGYAO（SHIXING）》JIEDU

出版发行	教育科学出版社			
社　　址	北京·朝阳区安慧北里安园甲 9 号	邮　　编	100101
总编室电话	010-64981290	编辑部电话	010-64989527
出版部电话	010-64989487	市场部电话	010-64989009
传　　真	010-64891796	网　　址	http://www.esph.com.cn
经　　销	各地新华书店		
制　　作	宗沅书装		
印　　刷	中煤（北京）印务有限公司		
开　　本	720 毫米 ×1020 毫米　1/16	版　　次	2021 年 11 月第 1 版
印　　张	11.5	印　　次	2021 年 12 月第 2 次印刷
字　　数	140 千	定　　价	38.00 元

图书出现印装质量问题，本社负责调换。